DOMINIQUE MARNY

Les Belles de Cocteau

Cahier photo
© Collection particulière Édouard Dermit.

© Editions Jean-Claude Lattès, 1995.

Musset fit son œuvre sans se préoccuper du romantisme ; de même Jean Cocteau écrit sans viser au modernisme. Il y a en lui assez de nouveauté pour qu'il puisse se permettre de respirer une rose.

Raymond Radiguet (Journal le Coq 1)

Prologue

Jean Cocteau était mon grand-oncle maternel. Je l'appelais oncle Jean. Il m'appelait ma colombe. Souvent, on me demande : « Quel effet cela faisait-il d'être la nièce d'un homme aussi célèbre ? » Eh bien, durant toute mon enfance, cela ne m'a rien fait ! La célébrité, pour moi, c'était Martine Carol, Brigitte Bardot ou Jean Marais. Aussi le jour où ma mère m'a annoncé : « Ton oncle Jean entre à l'Académie française », suis-je restée de marbre. Et pourtant, fait inimaginable, si je me souciais peu des immortels, ceux-ci au même moment entendaient parler de ma petite personne... et de la plus céleste manière. Dans son discours de réception, André Maurois était en train de déclarer à Jean Cocteau : « Vous m'avez raconté, il y a quelque temps, une aimable histoire. Les parents de votre petite nièce venaient de lui annoncer qu'un ange lui avait apporté un frère. "Tu veux voir ton frère", lui demande-t-on. "Non, dit-elle, je veux voir l'ange." » Nous sommes comme votre nièce,

Monsieur. Nous ne voulons pas voir un académicien de plus, nous voulons voir l'ange Heurtebise. »

Ainsi, à mon insu, un joli lien se tissait entre l'homme couvert d'honneurs et la fillette qui, sans connaître son œuvre, le percevait comme un original, un fantaisiste. Oui, j'aimais son habillement, le duffle-coat semblable au mien, les poignets de ses manches retournés, les cravates où brillaient de petites étoiles, les vestes molles, les chaussures de daim. J'aimais aussi ses cartes gravées des noms « Santo Sospir », « Orphée II », qui saluaient mes anniversaires. Les cadeaux non plus n'étaient pas oubliés. Le premier fut une oursonne vêtue d'une robe bleue à pois blancs que j'ai baptisée sans hésitation Martin. Il y eut plus tard des salles de bains et des salons de coiffure miniatures.

Quand il venait à la maison, une étrange animation régnait dans la cuisine. La cuisinière se rengorgeait : « Monsieur Cocteau vient déjeuner. » J'obtins, un jour, la permission de confectionner pour lui un gâteau au chocolat. Avec sa gentillesse coutumière, Jean Cocteau me félicita. Stoïquement, il commença de manger une part du gâteau puis, dans un sursaut de raison, il s'exclama à l'adresse de son frère qui se rétablissait d'une fièvre typhoïde : « N'y touche pas, Paul, tu vas te coller les boyaux ! »

Fascinée par son brio, par le ballet de ses mains, j'écoutais, assise dans le salon et muette, des propos dont la teneur souvent me dépassait. Sartre ! Ce nom revenait suffisamment pour que ma grand-mère soupire en levant les yeux au ciel : « Mais Jean, comment peux-tu t'enticher de ce type qui ne sait que remuer la boue ! »

Il était aussi question de soucoupes volantes, d'extra-terrestres et, là, je devenais attentive. J'appréciais son enthousiasme à défendre l'idée que pouvaient exister des civilisations lointaines. Sans doute percevais-je qu'il avait gardé une âme d'enfant et que ses mythes rejoignaient les miens. La preuve m'en fut donnée lorsque je découvris *La Belle et la Bête*. L'oncle Jean était un magicien qui « courait plus vite que la Beauté ». Semblable aux êtres d'exception, il savait avec des semelles de vent cheminer vers l'essentiel. D'ailleurs, il me répétait sans cesse avec un clin d'œil malicieux : « Surtout, suis mon exemple, ne travaille pas à l'école... Apprends par toi-même. » Comment n'aurais-je pas écouté le conseil de celui qui, à mesure que je découvrais sa vie, me séduisait... L'Antiquité! Le tour du monde en quatre-vingts jours! Moi qui voulais devenir archéologue, globe-trotter, je le questionnais. Ce début de dialogue s'interrompit malheureusement alors que je me familiarisais avec l'œuvre : j'avais en effet quatorze ans quand Cocteau nous a quittés. Mais ce rendez-vous, en apparence manqué, se poursuit jour après jour, puisque, au détour d'*Orphée*, de *La Difficulté d'être* ou du *Journal d'un inconnu* cet infatigable serviteur de la création, cet homme qui « avait appris l'échelle des valeurs secrètes », n'en finira jamais de nous insuffler sa force et sa sensibilité.

A plusieurs reprises, on m'a demandé d'écrire un essai sur Jean Cocteau. J'ai refusé jusqu'au jour où je me suis sentie prête à retranscrire ce que j'avais perçu de lui à travers son œuvre. Cette démarche a souvent obéi à ma seule intuition, mais je pense que ce choix lui aurait plu car il n'aimait pas les explications. N'a-t-il pas déclaré être allé au fond de sa nuit... N'a-t-il pas, mieux que personne, visité son inconscient et dans *Le Journal d'un inconnu* ne donne-t-il pas pour conseil à un éventuel dis-

ciple de ne pas fuir face à lui-même : « Sauve-toi dans tes
ténèbres. Inspecte-les au grand jour. » Pourtant Jean
Cocteau n'aimait pas Freud. « Il ne faudrait pas
confondre la nuit dont je parle et celle où Freud invitait
ses malades à descendre. Freud cambriolait de pauvres
appartements. Il en déménageait quelques meubles
médiocres et des photographies érotiques. Il ne consacra
jamais l'anormal en tant que transcendance. Il ne salua
pas les grands désordres. Il procurait un confessionnal
aux fâcheux. » Et il ajoute : « Freud est d'accès facile.
Son enfer (son purgatoire) est à la mesure du grand
nombre. A l'encontre de notre étude, il ne recherche que
la visibilité.

La nuit dont je m'occupe est différente. Elle est une
grotte aux trésors. »

Voici les raisons pour lesquelles je ne glisserai un
jugement que lorsque Cocteau se laissera aller à la
mythomanie et aux fantasmes. J'ai décidé de laisser
aussi, et le plus souvent possible, la parole aux égéries
qu'il avait choisies à sa mesure, à ses « Belles ». C'est en
effet à travers ces femmes hors du commun que je tente-
rai de conter le cheminement d'un « écorché » qui se
voyait comme « le poète le plus inconnu et le plus
célèbre ».

Parentes, sœurs d'écriture, muses, elles ont, à tour
de rôle, en traversant sa vie, nourri son imaginaire.
Grâce à Émilie Lecomte, sa grand-mère maternelle, il
s'initie aux charmes de la nature et de la musique. Quant
à Eugénie, sa mère, mélancolique, coquette, inaccessible
et idolâtrée, elle sera le pivot d'une œuvre dont ne seront
jamais absents le complexe d'Œdipe et la culpabilité. Le
portrait du couple dépeint dans *Drôle de ménage* est
l'exact reflet de ce que lui ont inspiré ses parents durant

son jeune âge. Dans ce conte illustré, M. le Soleil a épousé Mme la Lune. Lorsque M. le Soleil se couche, Mme la Lune se lève pour revêtir la robe qu'elle portera au bal des Constellations. Ils ont des enfants qu'ils donnent à garder à des chiens mais, face aux ravages causés par cette éducation canine, ils finissent par choisir, pour gouvernantes, des étoiles... Cette histoire se passe de tout commentaire quant à l'opinion du poète sur l'union masculin-féminin... et sur la famille. Mais quelle image pourrait-il avoir du couple, sinon celle d'un père et d'une mère l'abandonnant pour se rendre, soir après soir, au théâtre ou au concert; puis la vision d'une mère seule car son époux a choisi, un matin, à l'aube, de se supprimer en se tirant une balle dans la tempe.

Absence de père et donc impossibilité d'identification. Voici l'une des principales clés de la personnalité de Jean Cocteau. Il est en même temps, à l'âge de neuf ans, confronté à la mort, une mort qui ne cessera de le poursuivre à travers les hommes qu'il aimera, mais qui le fera « muer » dans son cheminement de poète. Car ne nous y trompons pas... même s'il utilise pour s'exprimer différents « véhicules » tels le roman, l'art dramatique, le cinématographe, le dessin ou la peinture... aux yeux de Cocteau, tout est poésie.

A peine sorti de l'adolescence, il entre en poésie comme on entre en religion. Sa route croise bientôt celle d'Anna de Noailles qui, avec lui, partagera le culte de l'Invisible. Ensemble, ils traversent les miroirs et circulent dans des contrées où nul ne peut les atteindre. Ne dira-t-il pas lorsque la comtesse de Noailles aura rejoint ses chers défunts : «Je viens de perdre une sœur qui vivait, comme moi, dans une chambre close, et de chambre à chambre nous possédions un tunnel mystérieux où nous circulions à merveille sans avertir personne. » Et n'ajoutera-t-il pas : « Au revoir, Anna, je vais essayer de vivre de telle sorte que vous voudrez bien continuer à m'aimer après ma mort. »

Vivre ! Dans *La Difficulté d'être*, Cocteau avoue à quel point l'existence lui est douloureuse. Il ne s'aime pas et, sans cesse, recherchera chez les autres la beauté physique qu'il considère lui faire défaut : « Sur un corps ni grand ni petit, mince et maigre, armé de pieds et de mains qu'on admire parce qu'elles sont longues et très expressives, je promène une tête ingrate. Elle me donne une fausse morgue. » Vivre, c'est aussi lutter contre un mal à l'âme chronique, car Cocteau souffre non seulement d'être incompris, mais encore d'être appréhendé pour ce qu'il n'est pas... cet autre auquel il ne voudrait pas serrer la main. « Jamais homme ne fut environné de tant d'incompréhension, de tant d'amour, de tant de haines car, si le personnage qu'on me croit agace ceux qui me jugent de loin, ceux qui m'approchent ressemblent à la Belle lorsqu'elle redoute un monstre et découvre une bonne Bête qui ne veut qu'atteindre son cœur. » Son besoin d'être aimé ne peut être assouvi par une célébrité qu'il a désirée, certes, mais dont il a vite perçu les limites et les pièges. Naître poète n'est pas facile, demeurer à la hauteur de cette mission l'est encore moins ! Et, pourtant, ce visionnaire qui sait détecter les talents et prévoir les engouements n'obéit qu'à ce que lui dicte son imagination. Est-ce du courage ou bien la certitude intérieure de traverser les années et les modes qui le jettent sans la moindre hésitation vers les scandales. « Vous savez l'importance de désobéir ! Un des drames de notre époque, c'est qu'on peut faire à peu près ce qu'on veut dans le domaine de l'esprit ; il n'y a plus de possibilité pour la jeunesse de désobéir et la désobéissance est un ressort extraordinaire pour les enfants, les poètes ou les héros [1]. » *Parade, Les Mariés de la Tour Eiffel, Les Enfants terribles, Les Parents terribles,* puis *Bacchus* soulèvent tour à tour l'indignation du public et de certains lecteurs. Néanmoins, l'odeur du soufre se révèle un ferment pour Cocteau. Elle l'aide à déambuler vers de nouveaux horizons, laissant derrière lui le cubisme ou le surréalisme afin de renouer avec les mythes de l'Antiquité et du Moyen Age. Rien ne lui échappe et rien ne lui est interdit, encore moins d'aller à contre-courant. En parfait médium, il ne se lasse pas de se déplacer à travers l'espace et le temps pour en rapporter la manne qui influencera son époque. « Voilà de nombreuses années que je circule dans des pays qui ne s'inscrivent pas sur des cartes. Je me suis évadé beaucoup. J'ai rapporté de ce monde sans atlas et sans frontières, peuplé d'ombres, une expérience qui n'a pas toujours plu [2]. » Sa curiosité n'a de cesse. Est-ce pour cela qu'on l'accuse d'être « un touche à tout » ou, pis, d'être frivole... un mot qu'il déteste. « La frivolité n'est autre qu'un manque d'héroïsme et comme un refus à s'exposer en quoi que ce soit. C'est une fuite prise pour une danse, une lenteur qui semble être une vitesse, une lourdeur apparemment analogue à cette légèreté dont je parle et qui ne se rencontre que dans les âmes profondes [3]. »

Cette fameuse légèreté que renferment les êtres graves, il l'a trouvée chez Misia Sert, Valentine Hugo et Louise de Vilmorin qui, à son exemple, « nouent et

---

1. Entretiens avec Roger Stéphane.
2. *Tour du monde en 80 jours.*
3. *La Difficulté d'être.*

renouent des ondes en soi ». Les deux premières découvrent en sa compagnie l'enchantement des Ballets Russes, la troisième partage son goût pour la féerie. Bénéfiques, elles ont leur place dans le cœur de celui qui ne peut que leur octroyer le rôle de sœurs. Seule, la princesse Natalie Paley occupera une place particulière puisqu'elle sera « la femme choisie entre toutes », celle qu'il souhaitera épouser, celle dont il voudra un enfant mais qui lui préférera les États-Unis et le milieu théâtral de Broadway.

Avec Coco Chanel et Colette, il partagera l'idée du travail « réalisé », un travail de coureur de fond car, pour un soi-disant dilettante, Cocteau laisse une œuvre considérable. Beaucoup ont mis cette productivité sur le compte de la facilité et du brio. S'il est vrai que lorsqu'il s'agit de s'exprimer oralement il a peu de rivaux, la situation devient différente face à l'acte d'écrire. Jamais, en effet, il n'a nié son angoisse de la page blanche, sa souffrance à mettre « sa nuit sur la table » et l'immense solitude ressentie à ces instants-là. « J'ai eu des minutes pleines. *L'Ange Heurtebise, La Crucifixion*. Impossible de vouloir des minutes pareilles. Des minutes de haute solitude. Solitudes qui resteront solitudes et que ne joncheront jamais les papiers gras [1]. »

Face aux critiques dont il ne cessera d'être la victime, il est certain que seule la création lui sert de bouclier. Rien, en effet, ne sera épargné à Cocteau. On le jugera, on le détestera, cependant aucune injure ne parviendra à l'atteindre dans ce qu'il possède de plus précieux : son aptitude à s'évader du monde réel afin d'en fabriquer un autre... à la hauteur de ses rêves.

---

1. *Le Passé défini 1951*.

En pratiquant le mécénat, Marie-Laure de Noailles et Francine Weisweiller lui accordent leur confiance et lui fournissent cette liberté à laquelle il voue un véritable culte car, repoussant les contraintes, les ghettos et les idées reçues, il avance où cela lui convient. Là encore, on lui a reproché d'avoir trop de facettes! Et pourtant... pour qui est attentif à l'œuvre, il n'est pas difficile de comprendre qu'elle s'articule autour d'un seul fil. Cocteau n'a jamais tenté de fuir sa propre vérité. Comme je le disais plus haut, personne ne s'est mieux analysé que lui et, dans cette recherche intime, rien ne lui a échappé... et cela malgré cette déclaration : « Bien sûr que j'ai des secrets. Si je les disais, ce ne serait plus des secrets et ils deviendraient inefficaces. Un secret confié s'évapore [1]. »

Il ne faut pas non plus oublier que cet homme d'esprit était un homme de générosité et de fidélité, des qualités qu'il partageait avec les créatrices qui, à son côté, ont joué un rôle prépondérant en cette première moitié de XXe siècle et à travers lesquelles se rejoignent toutes les formes de l'art. Et à certaines personnes qui, étonnées par mon choix, ne manqueront pas de me demander : « Mais pourquoi avoir évoqué Cocteau à travers les femmes ? » je réponds déjà : « Pour l'amusement... Le mien... et peut-être le sien si, ayant selon son habitude traversé le miroir, il lui arrivait de se pencher sur mon épaule pour lire les lignes à venir.

---

1. *Le Passé défini 1951.*

Émilie Lecomte
et Eugénie Cocteau
1828-1898, 1855-1943

Émilie Renaud naît à Bordeaux, en 1828, d'un père
rentier et d'une mère sans profession. Fillette, elle suit
des cours de chant. On lui trouve une jolie voix. Les pro-
messes se confirment et bientôt le rêve prend forme.
Émilie deviendra cantatrice. Dans ce but, elle entraîne
ses parents à Paris.

Un portrait de Patrois la révèle, en 1854, fine, élégante dans une robe de soie bleu pâle et rose. Les cheveux retenus en bandeaux comme l'exige la mode du
moment encadrent un visage sensible et régulier. Autour
de son cou, de ses poignets, à même la peau, elle a noué
des rubans de velours noir. Le regard songeur, l'expression de ses traits, révèlent une nature romantique et passionnée, mais l'avenir démontrera que, si elle obéit aux
élans de son cœur, elle sait ne pas en être la victime.

A plusieurs reprises, elle apparaît sur la scène. Est-
elle appelée à rejoindre les plus grandes? Nul ne le saura

car le destin place sur le chemin d'Émilie un Anglais
nommé Morgan, dont elle va non seulement tomber
amoureuse mais auquel elle donne un fils. Grossesse et
naissance l'immobilisent, puis lui font prendre la décision de placer en province, chez une nourrice, l'enfant
qu'elle prénomme Charlie.

Quelle est la véritable raison de ce choix? Le séduisant Anglais a-t-il tourné les talons, ne veut-elle pas
entacher sa réputation ou a-t-elle déjà rencontré Louis-
Eugène Lecomte?

De famille bourgeoise, cet agent de change de vingt-
cinq ans, gère les biens que son père, en décédant, lui a
légués. Il consacre aussi une grande part de son énergie à
acquérir des œuvres d'art et à jouer du violon. Il est donc
facile d'imaginer que la musique a attiré l'un vers l'autre
ces deux originaux car Émilie ne fait rien comme tout le
monde et elle le prouve.

Avec le fruit de ses cachets, elle s'achète, en
mars 1854, la villa dont elle rêve et qui se trouve place
Sully, à Maisons-Laffitte. Attend-elle la naissance d'un
second enfant pour l'appeler « Le Berceau » ? De sa liaison avec Louis-Eugène Lecomte voit, en effet, le jour, le
21 septembre 1855, une fille : Eugénie. Il faudra un an
pour que les amants, en décidant de se marier, légiti-
ment l'enfant. Ainsi, bien avant le féminisme, Émilie
démontrera son indépendance et son mépris des préju-
gés...

Au fil des années, la famille s'agrandit. Eugénie
règne maintenant sur trois frères : Maurice, Raymond et
André. « Le Berceau » abrite leurs vacances et cette habitude ne changera pas avec la naissance de Clément,
Eugène, Jean, Maurice Cocteau survenue place Sully, le
5 juillet 1889.

Une lettre d'Émilie Lecomte à son fils Raymond raconte l'événement : « Notre chère Eugénie est accouchée ce matin à deux heures et fort à l'improviste d'un beau garçon qui n'a pas encore de prénom car elle attendait positivement une fille. »

« Les vacances, c'était à Maisons-Laffitte », racontera le petit Jean, plus tard.

« Tiroir des chers pressentiments
Pussè-je t'ouvrir et te refermer
Où sont tes cyclistes charmants
La capiteuse odeur des vaches de la ferme
Où sont les pétards des pelouses
Après le feu d'artifice
Et les mères qui recousent
Les costumes marins déchirés de leurs fils [1]. »

Par les fenêtres ouvertes du « Berceau », la musique s'échappe. Toutefois, occupé par ses jeux, Jean l'entend à peine. Par contre, il n'oubliera jamais le quatuor qui, sous la direction de son grand-père, se réunit chaque dimanche pour jouer de la musique de chambre. L'un des virtuoses, Sivori, est si petit qu'Émilie Lecomte lui propose de s'asseoir pendant le déjeuner sur des partitions. « Pas sur Beethoven... Pas sur Beethoven... », s'excuse-t-il en attendant qu'on lui trouve un compositeur moins prestigieux.

Une trop grande différence d'âge sépare Jean de Marthe et de Paul, ses sœur et frère aînés, aussi préfère-t-il explorer les nombreuses cachettes de la maison et du jardin en compagnie de ses cousins germains, Pierre et

---

1. *Le Requiem.*

Marianne Lecomte (les enfants de Maurice). Avec des mines de malfaiteurs, ils grimpent les petits escaliers, fouillent les pièces l'une après l'autre, ouvrent la grande armoire tapissée de peluche bleue qui, dans la salle de billard, abrite le stradivarius du grand-père. La villa leur appartient avec ses trésors et les secrets des grandes personnes qu'ils découvrent peu à peu.

A ce sujet, la petite Marianne, première compagne féminine de Jean, l'entraîne un jour vers la remise puis le fait monter vers l'omnibus qui emmène la famille à la messe dominicale. Avec une visible fierté, elle lui confie : « Voilà, je sais tout, il y a des grandes personnes qui se couchent l'après-midi, les hommes s'appellent des lapins, les femmes, des cocottes. Oncle André est un lapin, et si tu le répètes, je te tuerai à coups de bêche. »

Étés de la petite enfance, étés dominés par la présence du château et de son parc, des jets d'eau, des barrières blanches et des chevaux de course! Lorsque Jean ne fume pas un infect tabac dans des marrons creusés en forme de pipes, il observe les entraîneurs qui lavent les calèches au champagne en organisant des corridas. Les femmes savent aussi se distinguer en organisant des courses en sacs et en promenant au bout d'une laisse des lapins enrubannés.

Jusqu'au soir de sa vie, Maisons-Laffitte demeure présente dans l'esprit et le cœur de Jean Cocteau. *Portraits-Souvenir, La Difficulté d'être, Le Requiem*, sont là pour témoigner d'un monde révolu où l'on prenait le temps de vibrer avec la nature et d'apprécier les menus riens de l'existence.

  « Le garage au passe-boule
  A figure de Gendarme
  Et le plan des groseilliers

Ce fut là que nous apprîmes
Les jeux des grandes personnes
La cachette les jours d'orage
Où tremblants d'être découverts
Nous obligions ma cousine
A nous montrer sur ses hanches
Les fronces d'un petit corset
Le long du mur de la voisine
Entre les massifs de lilas
Les sureaux, les giroflées
Et près du bassin de la serre
Où prennent les grenouilles mortes
Poses de ténors d'opéra
Sourds à l'appel des gouvernantes
Nous savourâmes le luxe de la désobéissance [1]. »

A l'arrivée de l'automne, les familles Lecomte et Cocteau regagnent leur domicile parisien, un hôtel particulier de deux étages, situé 45, rue La Bruyère, non loin de l'église de la Trinité.

Là encore, d'un appartement à l'autre, les corridors et les escaliers sont nombreux. Jean monte souvent chez son grand-père qui possède « une baignoire à la sonorité de gong, pleine de souliers, de livres ». Celui-ci collectionne des bustes grecs, des dessins d'Ingres, des tableaux de Delacroix et de Ziem, mais la préférence de l'enfant va aux vitrines contenant des masques d'Antinoë avec « leurs yeux d'émail, des joues pâles de terre cuite ».

Jusqu'à l'âge de neuf ans, Jean grandit agréablement dans cet univers feutré et protecteur. Son père, Georges Cocteau, originaire d'une famille de notaires havrais, a

---

1. *Le Requiem.*

épousé Eugénie Lecomte en 1875. Mariage de raison?
Mariage d'amour? La seconde hypothèse semble corres-
pondre à la réalité. Bien que plus âgé que sa fiancée,
Georges Cocteau est séduisant. Des photographies le
prouvent. Ses traits sont harmonieux, son expression
douce, d'une trop grande douceur, peut-être. Il n'est pas
compliqué d'imaginer que, très vite, le rentier, le peintre
amateur, s'est laissé happer par les Lecomte, ce clan si
uni... pour ne pas dire soudé. Les trois beaux-frères ont
de fortes personnalités. Maurice vit à quelques rues avec
sa femme et ses enfants. Raymond est ministre pléni-
potentiaire en Perse puis en Égypte. Quant à André, en
épicurien, il entend profiter des plaisirs de l'existence.
Comment un couple pourrait-il, au sein d'une telle pro-
miscuité, préserver son intimité, voire son identité? Très
vite, Georges n'est plus que le mari de la belle et gracieuse Eugénie. Cette femme que son plus jeune fils
décrit comme « une madone bardée de velours, étranglée
de diamants, empanachée d'une aigrette nocturne ». Elle
se prépare, alors, à se rendre au théâtre ou au concert,
ses loisirs favoris, et le petit garçon, immobile dans un
boudoir attenant au cabinet de toilette, observe dans un
miroir la femme de chambre qui, à genoux, étale la
traîne écarlate. Aucun préparatif ne lui échappe et surtout pas l'enfilage des gants longs et difficiles à mettre,
« peaux mortes qui commençaient à vivre, à coller et à
prendre forme jusqu'à l'effort successif de chaque doigt
et l'adorable rite final qui consistait à boutonner sur le
poignet d'un geste féminin, immortalisé par Maillol, la
petite lucarne où j'embrassais la paume nue ». Eugénie
est prête à partir vers « l'océan de rumeurs, de bijoux, de
plumes, de crânes où elle irait se jeter comme un fleuve
rouge et mélanger son velours aux velours du théâtre,

son étincellement à l'étincellement du lustre et des girandoles [1] ».

Elle s'y rend, escortée de son époux, cet homme qui a la chance de l'accompagner et de partager ses distractions. Jean voudrait être à la place de son père, non seulement pour ne pas quitter celle qui l'éblouit, mais aussi pour découvrir la Comédie-Française ou l'Opéra, pour y applaudir Mounet-Sully ou se familiariser avec Wagner et *Les Maîtres Chanteurs*. Il lui faut pourtant demeurer chez lui à attendre les programmes que sa mère lui tendra négligemment le lendemain et qui, ajoutés à ce que lui soufflera son imagination, le transporteront dans un monde de féerie dont il sera à la fois le maître et le spectateur. Un soir, il a l'autorisation de l'accompagner. « Elle était devenue la salle de théâtre où nous sommes. Ses bijoux, ses velours, son aigrette, sa traîne, son cœur d'or et ses colères, devinrent, en une minute, le faste du théâtre. J'adorais le théâtre et je l'adorerai toujours [2]. »

Toutefois, Jean Cocteau ne se contente pas de rêver. Il matérialise et, déjà, occupe ses mains. Avec les vieux cartons du magasin *Old England*, il découpe, assemble et cloue des décors. Sa gouvernante allemande, Joséphine, l'aide dans son aventure en cousant les costumes des personnages. Il ne reste plus qu'à bâtir l'intrigue et à composer les dialogues. Son entrée au collège n'interrompt pas cette habitude, et Jean bénit toute maladie infectieuse qui, en le retenant au foyer, le laisse échafauder des scènes. Se doute-t-il seulement qu'il accomplit là ses premiers pas de dramaturge ? Il est étonnant de constater que, dès les plus jeunes années, les

---

1. *Portraits-Souvenir.*
2. *Mes Monstres sacrés.*

grands axes de l'œuvre sont tracés car l'événement qui va bouleverser son enfance puis marquer sa vie et toute sa création survient, hélas, le 5 avril 1898, alors qu'il n'a pas encore neuf ans.

Georges Cocteau se donne la mort dans son domicile parisien. Un drame que, de génération en génération, la famille se garde d'ébruiter. Jean n'en parlera pratiquement jamais, même à ses proches. Il dira seulement dans les derniers mois de son existence : « Mon père s'est suicidé dans des circonstances que personne ne comprendrait plus maintenant. »

En dépit du silence imposé par les intimes, chacun recherche une explication à ce geste irréparable. Plusieurs hypothèses se présentent : la première serait que Georges Cocteau aurait été ruiné. La seconde voudrait qu'il eût appris que sa femme le trompait. La troisième... Artiste étouffé et incompris, il aurait souffert d'être catalogué comme peintre du dimanche et, en même temps, difficilement accepté le moule bourgeois auquel sa naissance puis son mariage le condamnaient. Reste une quatrième hypothèse que Jean Cocteau soulève, en 1929, dans *Le Livre blanc,* mais il ne faut pas oublier que cet ouvrage est un roman, même s'il prend souvent des allures d'autobiographie.

« Le pédéraste reconnaît le pédéraste comme le juif le juif. Il le devine sous le masque... J'ai toujours pensé que mon père me ressemblait trop pour différer sur ce point capital. Sans doute ignorait-il sa pente et au lieu de la descendre en montait-il péniblement une autre sans savoir ce qui lui rendait la vie si lourde. Aurait-il découvert les goûts qu'il n'avait jamais trouvé l'occasion d'épanouir et qui m'étaient révélés par des phrases, sa démarche, mille détails de sa personne, il serait tombé à la renverse. A son époque, on se tuait pour moins. Mais non : il vivait dans l'ignorance de lui-même et acceptait son fardeau. »

Georges Cocteau aurait-il, contrairement à ce que pense son fils, ouvert les yeux et refusé d'affronter une homosexualité jusqu'alors refoulée ? Nul ne le saura jamais. Mais peut-on accorder un crédit à semblable supposition ? Un très jeune enfant, même fin observateur, serait-il en mesure de comprendre par des phrases ou une démarche les véritables penchants de son père ? En cette fin de siècle où la sexualité demeurait un tabou, sur quelles références et sur quelle expérience se serait-il fondé ? A posteriori, Jean Cocteau tente d'expliquer. Il le fait à sa manière, en projetant sa propre inversion et certainement sa propre culpabilité... et tout cela dans ce fameux *Livre blanc* dont il se défend d'être l'auteur.

Mais combien de temps ignore-t-il la véritable cause du décès de son père ? Combien de temps ignore-t-il qu'à son réveil celui-ci s'est tiré une balle dans la tête ? Deux confessions révèleront la place que ne cesse d'occuper le disparu dans sa mémoire. Deux étranges confessions !

« Je demande aux disciples de Freud le sens d'un rêve que j'ai fait, depuis l'âge de dix ans, plusieurs fois par semaine. Ce rêve a cessé en 1912. Mon père qui était mort ne l'était pas. Il était devenu un perroquet du Pré Catelan, un des perroquets dont le charivari reste à jamais lié, pour moi, au goût du lait mousseux. Pendant ce rêve, ma mère et moi nous allions nous asseoir à une table de la ferme du Pré Catelan, qui mélangeait plusieurs fermes avec la terrasse des cacatoès du Jardin d'Acclimatation. Je savais que ma mère savait que je savais, et je devinais qu'elle cherchait lequel de ces oiseaux mon père était devenu. Je me réveillais en larmes à cause de sa figure qui essayait de sourire [1]. »

Le deuxième aveu explique que ce rêve cesse en 1912, date à laquelle Diaghilev, l'imprésario des Ballets Russes, lance à Jean Cocteau, place de la Concorde, le fameux « Étonne-moi ! ».

Par sa personnalité intimidante, son autorité, Diaghilev endosse-t-il alors l'image masculine qui manque au futur poète ? Depuis plus de dix ans, Jean est, en effet, privé de tout repère en la matière. Des hommes l'entourent, certes, un grand-père, trois oncles, un frère aîné, mais aucun ne peut combler l'absence d'un père... d'autant que le problème s'est aiguisé car Jean, renseigné par plusieurs confidences, pense que Georges Cocteau n'était pas son père légitime. On chuchote qu'Eugénie aurait eu des faiblesses pour le peintre Wencker. On évoque aussi un diplomate oriental, ami de Raymond Lecomte. Cette dernière possibilité séduit Jean et alimente son attrait pour le romanesque. Il est plus intéressant d'être l'enfant d'un homme surgi des « mille et une nuits » que celui d'un aimable bourgeois. Il est plus réconfortant de s'imaginer un père lointain, voire inconnu, mais au moins vivant ! La faille est, en effet, là : Jean Cocteau ne sait à qui s'identifier. Il compensera cette lacune par la création, cette création que Diaghilev lui donne la permission d'accomplir.

Mais en attendant de devenir un homme de lettres, le petit Jean doit affronter la réalité quotidienne. Nous sommes en 1900. La Belle Époque ! Il en citera plus tard les faits marquants : la mort de Nietzsche, l'incendie du Bazar de la Charité, la guerre des Boers, le procès des

---

1. *Portraits-Souvenir.*

princes allemands et l'affaire Dreyfus. Là encore, ce sont des considérations d'adulte. L'adolescent a certainement, à ce moment-là, d'autres préoccupations. Parmi les plaisirs, il y a les matinées du Nouveau Cirque où règnent les clowns Footit et Chocolat. Le Châtelet propose, pour sa part, *La Biche aux bois et Le Tour du Monde en 80 Jours*, un spectacle qui, non seulement l'émeut aux larmes, mais lui insufflera l'idée de suivre les traces de Philéas Fogg, en 1936, et de parcourir notre planète. Après-midi féeriques pendant lesquels Jean oublie collège et punitions car, que ce soit au Petit ou au Grand Condorcet, il est un élève médiocre. Comme beaucoup d'enfants doués pour les arts, il ressent que la scolarité l'enferme dans des limites qui ne peuvent lui convenir. Dans ses bulletins, trimestriels, on peut lire : « Enfant intelligent mais faible et facilement distrait; esprit ouvert et fin mais un peu agité; travail inégal. »

Pas grand chose ne l'intéresse dans ce que lui enseignent ses professeurs et rien ne le stimule. Il s'ennuie désespérément dans ces salles lugubres où chacun tousse, renifle, suit le vol de la moindre mouche et, les doigts tachés d'encre, peine sur les interrogations.

Il s'ennuie jusqu'au jour où l'élève Dargelos, cancre parmi les cancres, fait son entrée en classe de cinquième. Insolent, effronté, celui-ci ne tarde pas à régner sur ses compagnons qui, admiratifs et ensorcelés, rêvent de lui ressembler. Face à la force qui émane de tout son être, face à sa beauté, tous se sentent écrasés, inférieurs. Dans *Portraits-Souvenir*, Jean Cocteau le définit comme « le type de tout ce qui ne s'apprend pas, ne s'enseigne pas, ne se juge pas, ne s'analyse pas, ne se punit pas, de tout ce qui singularise un être, le premier symptôme des forces sauvages qui nous habitent, que la machine sociale essaie de tuer en nous ».

Lorsque, à la sortie des cours, Dargelos se bat à coups de boules de neige, cité Monthiers, il est loin d'imaginer qu'il deviendra le personnage-clé des *Enfants terribles*, un roman qu'écrira le garçonnet nerveux, timide et frileux qui le contemple avec un regard conquis. Une certaine tristesse n'en est cependant pas absente car Jean prend cruellement conscience de son visage anguleux, de ses yeux à fleur de tête, de son nez pointu, de sa silhouette chétive. Rien de ce qui le fascine chez celui auquel il voudrait s'identifier ne lui est accordé, ni la séduction naturelle et ô combien masculine, ni l'assurance, encore moins la désinvolture. Jean ne s'aime pas et rien à l'avenir ne le fera changer d'opinion. Par contre, dans ses goûts, il demeurera fidèle au physique de Dargelos et recherchera des hommes virils, à la beauté solaire, des hommes semblables à Radiguet, Desbordes ou Marais et qu'il prendra étrangement l'habitude de considérer comme ses fils.

Au cours de ces années de jeunesse, la rue La Bruyère s'endeuille encore deux fois. Émilie Lecomte meurt en 1898, un an après son gendre et, avec elle, s'envolent la compréhension et la consolation. C'est, en effet, auprès de cette femme, et non de sa mère, que Jean trouvait une certaine stabilité. Émilie s'est toujours comportée en vraie grand-mère avec ce que cela compte d'amour, de patience, mais aussi de bon sens. Son époux Louis-Eugène Lecomte décède en 1906 et laisse à sa famille une confortable fortune.

Si Eugénie décide de garder « Le Berceau » afin d'y perpétuer les traditions, elle quitte la rue La Bruyère. Dans *Opium*, Jean en évoquera, des années plus tard, l'atmosphère.

« J'obtins la musique du souvenir et je retrouvai tout : ma pèlerine, le cuir de ma serviette, le nom du

camarade qui m'accompagnait et de nos maîtres, certaines phrases exactes que j'avais dites, la couverture
marbrée de mon carnet de notes, le timbre de voix de
mon grand-père, l'odeur de sa barbe, les étoffes des
robes de ma sœur et de maman qui recevaient le mardi. »
Eugénie s'installe avec ses enfants dans un appartement près du Trocadéro, avenue Malakoff. Ils n'y resteront pas longtemps. Toutefois, Marthe et Paul, ayant
déjà une vie d'adulte, la mère et le fils cadet puiseront
dans ce tête à tête des habitudes de couple. Elle a cinquante ans et lui dix-sept. Sa jeunesse est derrière elle ; il
a tout à découvrir et à prouver. Si la trajectoire amoureuse d'Eugénie semble a priori révolue, Jean, lui, rêve
de « l'Autre ». Néanmoins, elle va utiliser le lien qui les
unit pour l'assujettir à ses volontés. L'argent tient et
tiendra une grande place dans cette relation. N'est-il pas
le meilleur moyen de retenir un jeune homme qu'un
goût prononcé pour le luxe rend indiscutablement
dépendant ? Elle y ajoute une sorte de chantage à la tendresse et lorsqu'ils sont séparés, notamment pendant
qu'il révise son bachot chez M. Dietz, au Val André, en
Seine-Maritime, elle lui reproche de ne pas suffisamment lui écrire.

Le 6 septembre, il se défend : « Quelles sont ces six
missives dont tu me parles ? Je t'écris une fois par jour et
sans doute la poste fait erreur [1]. »

Le cocon familial lui manque ainsi que Maisons-
Laffitte dont il est privé pour ne pas avoir étudié avec
sérieux.

« Pourquoi m'avoir envoyé si loin ! se plaint-il. Je
souffre horriblement de tout cet entourage étranger. Ma

---

1. *Lettres à sa mère.*

journée se passe à avoir envie de pleurer et à penser à toi [1]. »

En tête de chaque courrier, elle est « ma maman chérie », « ma petite maman adorée ».

Partout, il l'assure de son affection. « Je veux m'imaginer te voir sourire et sentir que je te rends heureuse, ce que je me reproche d'avoir trop négligé mais dont je me rattrape tant que je peux [2]. »

Il lui promet de travailler et conclut : « Ton vieux qui t'aime de tout son cœur. »

Est-il sincère lorsqu'il affirme : « Mes grandes consolations sont d'ailleurs en toi et il me suffit — ce qui se passe d'ailleurs très régulièrement chaque jour — d'évoquer ton image, ta voix, ta bonté pour reprendre courage et conquérir le calme [3]. »

« Calme ! » Le mot est prononcé et, dans le contexte, il signifie la paix intérieure. Mais cet état reste refusé au grand nerveux qu'est Jean Cocteau. Enfant, il inquiétait ses proches avec ses caprices, ses colères. A-t-il hérité la nature trop émotive de son père ? Peut-être, mais Eugénie se juge, à son tour, responsable de la forte sensibilité de son fils.

En 1908, elle lui écrit : « La maison est vide sans toi, vide de ta personne car ma pensée s'occupe et se préoccupe constamment de toi, de ton passé que j'ai tant négligé, de ton présent qui m'échappe, de ton avenir si plein de promesse et en même temps si chargé de crainte pour une mère soucieuse et mélancolique comme je le suis à l'état chronique [4]. »

---

1. *Lettres à sa mère.*
2. *Idem.*
3. *Idem.*
4. Archives de Milly.

De part et d'autre, la culpabilité est là, ainsi que le doute. Est-on suffisamment apprécié, aimé, entouré ? Des événements dans l'existence d'Eugénie peuvent expliquer ces tendances. N'avoir été reconnue par son père qu'un an après sa naissance, s'être imposée au milieu de trois frères... Quant au suicide de son époux... Combien de questions ne s'est-elle posées sur sa part de responsabilité ? Et Jean ? Dans le secret de son âme, que pense-t-il du rôle qu'elle a joué dans cette tragédie ? Il est curieux de constater que souvent, dans son œuvre, la femme qui devrait insuffler la vie dispense la mort. Et lui, comme de nombreux petits garçons, n'a-t-il pas souhaité la disparition du père afin de prendre sa place ! Les voilà donc, chacun avec son fardeau de remords, arrimés l'un à l'autre.

C'est l'époque où Jean croit s'intéresser aux femmes. Pendant ses promenades, avenue du Bois, il voit passer dans leurs luxueuses voitures les grandes « cocottes », celles qui font, défont les modes et croquent les fortunes.

De Liane de Pougy, il écrira : « Toute son attitude hautaine déclare : N'approchez pas. Danger de mort. »

De Louise Balthy : « Ne vous mettez pas dans la ligne de tir, je vous le conseille. Même son fantôme est dangereux. »

De la Belle Otéro : « Voyez-la qui toise ses collègues d'un œil de Minerve barbelé de cils. Voyez-la qui lance ses feux noirs, voyez-la qui brave les toréadors [1]. »

Cléo de Mérode, Émilienne d'Alençon..., même s'il se passionne pour leurs frasques et admire leur culot, incarnent tourment, ruine et malheur. Et les comé-

---

1. *Mes Monstres sacrés.*

diennes, musiciennes ou demi-castors n'ont pas davantage grâce à ses yeux.

Reynette est sa première aventure en 1906, au moment où il va avec ses amis René Rocher et Carlito Bouland à l'Eldorado afin d'y applaudir Mistinguett. Elle y fait, elle aussi, un numéro. « Hélas, de même que j'étais le dernier en classe, Reynette était la première du tour de chant et cette particularité nous rendait dignes l'un de l'autre. Elle portait la bouillonnante jupe courte, une badine, des chaussettes, des genoux moins nobles, mais aussi cabossés que ceux de Dargelos, et une gentillesse qui la poussait à rire de ses fausses notes [1]. » Un billet envoyé par la jeune femme révèle que Jean ne la laisse pas indifférente.

« Mon aimé. Je reçois ton petit mot. Si tu savais comme je t'aime et comme j'étais heureuse hier dans tes bras, de te sentir là dans moi. Il y a si longtemps que je désirais ce moment-là ! Est-ce un rêve ? Je t'adore. Toute à toi. »

Reynette

En 1908, apparaît Christiane Mancini, une élève du Conservatoire. Un poème du recueil *La Lampe d'Aladin*, lui est dédié et il est explicite. Au cours de cette courte liaison Jean a-t-il compris que les femmes ne lui conviennent pas ? Les mots sont violents, voire désespérés.

« Je voudrais quelquefois te griffer et te mordre
Crever tes yeux trop noirs, trop profonds, trop
fendus
Te voir bondir d'horreur aux cruautés d'un ordre
Et te voler tous les bonheurs qui te sont dus

---

1. *Portraits-Souvenir.*

Je voudrais ricaner de ta douleur brûlante
Écraser à grands coups les rondeurs de tes seins
Que ma férocité soit implacable et lente
Et te glacer de peur sous mes doigts assassins. »

Est-ce la sensation de trahir sa mère qui lui fait tant haïr sa compagne, ne parvient-il pas à lui prouver son ardeur? Qu'a dit ou fait Christiane Mancini pour inspirer une telle envie de meurtre? Dans les lettres qu'elle lui adresse, elle ne cesse de lui crier son amour...

« LE TAMBOURIN
Association de secours
aux artistes lyriques et dramatiques
27 boulevard des Italiens 27
Téléphone 317-44
Mais mon chéri pourquoi t'es-tu dérangé? Puisque je n'habite pas là. As-tu encore mal, j'y ai bien pensé, tu sais oui je t'aime et m'ennuie énormément, j'attends vite une longue lettre; j'aime tes yeux. Christiane. Tu viendras samedi à 11 h 1/2 me chercher au conservatoire [1]. »

Puis, plus tard :

« Mon petit, mon petit, je suis seule et j'en profite pour t'écrire car je t'aime. Tu t'amuses en ce moment et moi je suis toute triste. Je viens de jouer Werther et je pense qu'il ferait bon tous les deux rester dans les bras se regarder, se comprendre et puis - oh je voudrais tes lèvres... [2] »

Rien ne semble néanmoins pouvoir fléchir son amant!

« Mon chéri, mon petit — voilà tout est fini, je suis tuée brisée morte. Je t'ai attendu toute la nuit, la lampe a brûlé, tu n'es pas venu et je meurs de chagrin. Mainte-

---

1. Archives de Milly.
2. *Idem.*

nant il est 7 h du soir, je range mes affaires, et j'embrasse tout ce que tu as touché et je dis adieu, à ce petit appartement, où nous avons été si heureux, car demain je n'y serai plus et c'est si triste. Pourquoi mon Jean, mon petit, toi le seul être que j'ai chéri et que je chérisse encore de toutes mes forces, m'as-tu fait cette peine, m'as-tu brisé le cœur. Et rien pas un mot de toi, tu n'as pas pitié de ma douleur, car je t'aime à le crier, à me tuer et je n'en ai pas le courage, mais je souffre, depuis hier j'ai vécu un siècle, je t'ai appelé toute la nuit et c'est maintenant seulement que je n'ai plus rien pour m'étourdir que je commence à comprendre et je pleure fort et c'est bien je n'y vois presque plus. Mon petit, mon amour nous qui étions fait (sic) pour être si heureux tous les deux, qu'y a-t-il eu, écris-moi je t'en supplie, je veux te voir, tu m'aimes j'en suis sûre, nous sommes jeunes, il faut nous aimer, ah ça fait mal mon chéri, reviens moi, si tu me voyais tu aurais pitié, je t'aime, je t'aime et je voudrais que tu sois là tout près, mon petit viens, viens, je relis tes lettres tes vers. Envoie moi un mot demain bd Péreire, j'y serai l'après-midi pour finir de ranger et pour dire adieu à tous. Je suis par terre toute cassée et je t'écris sur n'importe quoi. Je t'aime je t'aime viens viens.

Christiane

Ce soir je vais au Français avec ma cousine tâcher de moins souffrir mon petit petit [1]. »

Face au silence de Jean, elle choisit alors de partir pour Wiesbaden

« Dans le train

Mon petit, mon Jean, il est 11 heures, et je fuis Paris, j'esaye de ne plus penser à toi, oui, je pars pour Wiesbaden, j'y resterai (illisible) vois-tu mon chéri, je

---

1. Archives de Milly pour les lettres de Christiane Mancini dont la ponctuation et les fautes d'orthographe ont été respectées.

m'en vais, au risque de rater mes examens, mais vois si je pouvais pendant quelques jours ne plus voir tous les endroits qui t'ont vu. Mon chéri, je n'ai plus la force de rien, si tu avais pitié de moi tu me reverrai en amie, je ne le dirai pas et le jour où tu le voudras nous le dirons, mais j'ai besoin de toi, sans cela je crois que je suis fichue pour mes examens. Mon petit Jean écris moi réponds moi je t'en conjure. Mais qu'est ce que j'ai fait de mal, dis le, mais non tu m'aimes je le sais car tu m'aurais renvoyé mes photos, ah non si cela n'était plus ne les renvoie pas, laisse moi dans le doute je souffre tant tant, eh bien je crois que cette souffrance m'est chère, car elle m'apprend à aimer, et je me plais à la chercher. Par moment je me figure que c'est un vilain cauchemar et je vais vite me réveiller sur le ciel. Mon petit je voudrais encore avoir ta petite tête là dans les mains, te donner des baisers fous, et tu sais, ta petite dent que j'aime je voudrais la mordre. J'ai là toutes tes lettres, dans une enveloppe, sur mon cœur. Elles me brûlent mon chéri, et dire que le train roule et que tu es loin de moi. Enfin dis moi quelles preuves veux-tu encore que je te donne, je ne sais plus. Tu dois me mépriser de venir te supplier, te prier, n'est ce pas, mais c'est la première fois que j'aime. mon petit, je vais t'envoyer cette lettre en arrivant demain à Wiesbaden, je t'en prie, si tu as seulement une petite larme de regret au coin de l'œil, aie pitié de moi et envoie moi un mot ou un petit teleg, qui sera un peu de toi, simplement avec ces mots, je t'aime encore un peu, et cela me donnera du courage pour travailler, arriver à être digne de toi mon chéri, mon petit petit, si tu me voyais!! Christiane.

Poste restante Wiesbaden Allemagne. »

Dernières suppliques :

« Hôtel Frankfurter Hof
Wiesbaden
37 Webergasse 37

Mon petit petit

Me voilà arrivée enfin, après un voyage odieusement long, rempli de cauchemars. Je t'envoie sur un vilain papier, ce que j'ai pensé pendant le voyage pardonne à l'horrible gribouillage, mais ta pensée ne m'a pas quittée, mon chéri je t'en conjure écris moi seulement quelques mots, comme à une étrangère simplement pour me faire voir que mes lettres ne sont pas adressées à un mort.

Mon tout petit je t'aime follement... follement follement. aie pitié, je ne sais plus trouver des mots pour te le dire. Ce soir je vais en soirée pour me distraire! et je dirai des vers les tiens, je les sais et je les dirai bien j'en suis sûre.

Mon amie a eu pitié elle! elle m'a vue désespérée, j'ai pleuré dans ses bras et nous sommes parties.

Pardon si jamais je t'ai fait de la peine, mais tu es *le seul* être que *j'adore*

Si tu écris, écris : C Mancini Poste Restante Wiesbaden Allemagne. »

« Hotel Frankfurter Hof
Wiesbaden
37 Webergasse 37
Mon cher petit

Décidément je ne puis arriver à m'amuser, et en ce moment où je t'écris un orgue de barbarie traine lamentablement un air. (illisible), je suis triste à mourir. Ce soir je vais aller à la poste voir si tu m'as envoyé un mot, j'ai peur, si peur que non. Il n'est pas un instant dans la rue au (illisible) à la musique, à table, dans mon lit, où je ne pense à toi, où je ne parle de toi, toujours!

Mon bien aimé te rappelles tu, d'abord notre rencontre au conservatoire, puis le déjeuner, puis la promenade en voiture puis le Grand Guignol, les petits poussins! puis le soir, et surtout le lendemain, où nous nous sommes adorés tant tant dis! non tes yeux, ta bouche ne mentaient pas et c'était si bon ton souffle chaud là dans mon cou tout près de l'oreille, et tes yeux aimés, et dire que peut-être plus jamais! non je sais que ce n'est pas vrai, c'est peut être une épreuve, tous les soirs en m'endormant, je revis les événements désirés, et je cherche, et je fouille, j'essaye de me rappeler tes regards, et bien non tu m'aimais et il faut nous aimer encore, nous sommes si jeunes!

Tiens, c'est bête je pleure, je n'y vois plus. Un baiser? Christiane

Malgré cette mésaventure, Jean Cocteau aura tout de même une troisième liaison : «A dix-sept ans, j'étais amoureux fou de Madeleine Carlier [...] Elle avait trente ans et le conseil de famille s'effrayait de me voir vivre avec une vieille femme [1]. »

Une théâtreuse! Amoureux fou! On imagine sans mal la réaction de la bourgeoise Mme Cocteau. Cette histoire ne peut que mener Jean à sa perte!

Les faits lui donnent raison mais seulement en partie. Madeleine est volage. Son amant délaissé pense (fantasme ou réalité) qu'elle attendait un enfant de lui mais ne l'aurait pas gardé. Toujours est-il qu'il est inconsolable et cette tristesse lui fera écrire, des années plus tard, un magnifique roman *Le Grand Écart*.

Cette histoire qui, même si l'auteur s'en défend, est autobiographique, nous donne des renseignements intéressants, notamment à propos de la mère du héros.

«Mme Forestier craignait les rhumes, les bronchites, les accidents de voiture. Elle ne distinguait pas les dangers courus par l'esprit. Elle laissait Jacques jouer avec eux. »

Jean Cocteau écrit cette éducation sentimentale

---

1. Entretiens avec Roger Stéphane.

après qu'est publié *Le Diable au corps* de Raymond Radiguet. La morsure de cet amour avorté n'a, au fil du temps, rien perdu de son acuité. En étant délaissé par Madeleine, Jean pressent-il que dorénavant les femmes (hormis Natalie Paley) ne seront que des sœurs, des muses, des compagnes de création? En tous les cas, elles obéiront souvent aux mêmes critères : origines étrangères, parfois princières; elles seront imaginatives, anticonformistes, avant-gardistes. L'absolu contraire d'Eugénie Cocteau. Différence de génération? N'oublions pas que du vivant de Jean Cocteau la plupart des femmes appartenant à un milieu privilégié continueront d'être dépendantes et oisives. Sous des apparences de grande féminité, celles qu'il choisit pour amies s'arrogent les mêmes droits que les hommes et cette attitude le séduit.

Si, à partir de 1907, la plupart de ses proches comprennent sans trop de difficulté ses véritables attirances, Eugénie, pour sa part, continue de fermer les yeux sur l'homosexualité de son fils. Inconscience ou refus de la vérité? Tout pourtant devrait l'alerter, le physique efféminé, un dandysme exacerbé, des langueurs, l'attachement excessif qu'il lui voue. Un attachement qui fait douter de la fameuse fugue dans le Midi que l'on situerait en 1907. Jean racontera, en effet, à Roger Stéphane qu'il se serait enfui au moment où il aurait raté son bachot et qu'il aurait tout appris de la vie dans la casbah de Marseille pendant une année. Ce séjour ne paraît guère probable, même s'il ajoute que Paul, son frère aîné, aurait conseillé à leur mère éplorée : « Laissons-le. Ça lui fera les pieds. » Rien ne sonne juste dans ce récit. Comment Jean aurait-il infligé à une mère endeuillée et qu'il adore une telle inquiétude... et comment celle-ci, qui le couve au moindre éternuement, se serait-elle pliée à la décision de Paul ? Il ne faut pas non plus oublier que, vis-à-vis des convenances, la famille ne peut s'offrir un scandale supplémentaire. Jean s'est accordé là une fanfaronnade. Sans doute aurait-il aimé connaître semblable aventure mais, une fois encore, elle relève du fantasme.

Au cours de cette même période, la tendance est plus à la fréquentation des Salons qu'à celle des coupe-gorge. Dans le sillage d'Eugénie Jean côtoie les Rostand, les Daudet et Reynaldo Hahn. Il fait la connaissance du comédien Édouard de Max, qui donne la réplique à Sarah Bernhardt. Celui-ci s'entiche de Jean et, après lui avoir dédicacé une photographie : « A vos seize ans en fleurs, mes quarante ans en pleurs », il décide de le lancer en organisant autour de ses poèmes une matinée au théâtre Fémina, avenue des Champs-Élysées.

Le nom de Cocteau circule bientôt dans Paris. En bien ? En mal ? Qu'importe ! L'essentiel étant que l'on prête attention à sa personne. Sans toujours y parvenir, il cherche, alors, à gagner l'intérêt et la protection des femmes qui tiennent un Salon.

Mme Lucien Muhlfeld, la comtesse Greffuhle l'accueillent ainsi que Mme Alphonse Daudet qui reçoit tous les jeudis, rue de Bellechasse.

Jean devient un intime de Lucien Daudet, le fils de son hôtesse et lui-même familier de Marcel Proust. Son comportement et sa mise sont révélateurs : Lucien aime les jeunes gens et ne le cache pas. « Un beau garçon frisé, pommadé, peint et poudré qui parle avec une petite voix de poche de gilet », le décrit Jules Renard. Si l'influence de Lucien sur le poète débutant est grande, elle n'est pas toujours positive. En l'imitant dans ses attitudes trop efféminées ou sophistiquées, Jean s'attire les moqueries. La comtesse de Chevigné s'écrie même alors qu'il cherche à embrasser Kiss, son Loulou de Poméranie : « Attention, je ne veux pas qu'il soit couvert de poudre de riz ! »

Eugénie Cocteau, qui n'apprécie aucune des conquêtes féminines de son fils, se réjouit par contre de l'amitié qui le lie à Lucien Daudet ou à Edmond Rostand. Pas de mariage qui puisse mettre en péril leur vie en commun ! Elle a eu pourtant très peur en découvrant que Jean louait à son insu une garçonnière de l'hôtel Biron (actuel musée Rodin). Mais l'alerte est passée car, face à la menace d'être privé d'argent, il annule son bail.

Après *La Lampe d'Aladin* Jean Cocteau publie *Le Prince frivole* et la *Danse de Sophocle*. Trois niaiseries, dira-t-il plus tard. Il fonde avec Maurice Rostand une revue *Schéhérazade*. En même temps, il dessine. Son sens aigu de l'observation le pousse vers la caricature. Tout se passe selon ses souhaits... toutefois, le flair qui ne le quittera jamais lui souffle qu'il risque de s'enfermer dans un monde sclérosé et que, tôt ou tard, les mentalités vont changer. Sa création réclame de nouveaux horizons. Il va les trouver.

Anna de Noailles
1876-1933

« Les artistes sont des fils de famille émancipés. Peut-être qu'ils s'en affranchissent, mais elle leur permet de construire une base. »

Le temps est venu pour Jean Cocteau de s'éloigner, intellectuellement du moins, d'une famille charmante, éclectique, mais aux goûts trop bourgeois. Même si, en 1910, il emménage avec sa mère dans un nouvel appartement, 10, rue d'Anjou, même s'il continue d'apprécier la douceur de Maisons-Laffitte, il n'appartient plus à la tribu Lecomte.

L'un de ses poèmes *Le Fils de l'Air* donne a posteriori un reflet de cette mutation et mérite d'être reproduit dans son intégralité :

« La mère ouvre l'ombrelle et dit "Marche
[devant"
Mais un bohémien, vite comme le vent,
Rusé comme la foudre, et féroce comme elle
A vu l'enfant jouer loin de la blanche ombrelle.

Lorsque la mère crie : "Au secours, au secours!"
On ne peut plus courir après l'homme qui court.
Vous pouvez supplier, menacer, pauvre mère,
Votre fils est en fuite au bras d'une chimère
Déjà sa gorge est lasse à force de crier

Il dort. Il rêve. Il tombe au fond d'un encrier.
Il se réveille et croit que c'est un autre rêve!
Car il voit le logis des enfants qu'on enlève,
Pareil à la Grande Ourse, étoilé, dételé,
Toujours prêt à la halte et prêt à s'en aller
Ce logis merveilleux circule sur des roues,
Et la mère s'agite et la mère s'enroue,
Et la mère sanglote et revient sur ses pas.
Et cherche son enfant et ne le trouve pas.

En vain la mère folle alerte la police
Les voleurs et la foudre ont la même malice
Et la police, hélas, n'a pas beaucoup de flair
Car les enfants volés savent marcher en l'air
Le travail du matin exige que l'on ose
Sur le fil avancer vêtu d'un maillot rose,
Pour réussir, il faut du calme — et du coup d'œil
Et la mère est assise en costume de deuil
Et la mère est assise auprès d'une fenêtre

Mais les enfants volés n'ont point l'ennui de
                                       [naître
Ils surgissent soudain, on ne sait d'où ni quand,
Chez les romanichels, autour d'un feu de camp.
Ils ont droit à du vin si la recette est forte.
L'enfant bat du tambour, vole! Sa mère est
                                       [morte.
Vaste est le monde, et neuf, et nocturne, et
                                       [troublant.

Mères, méfiez-vous des fenêtres, des portes,
Des fils ensorcelés par ceux qui les emportent
Et des logis traînés par quatre chevaux blancs. »

Tout est là ! L'univers de Maisons-Laffitte en toile de fond, l'enfant enlevé par des bohémiens qui sont la représentation des artistes, le désespoir de la mère, puis sa mort. Et l'enfant, en maillot rose, marche sur la corde de la création où personne ne peut le trouver, l'atteindre... C'est la liberté !

Dans *Le Livre blanc*, Jean Cocteau confessera que, très jeune, il s'était aventuré dans un bois où des bohémiens avaient installé leurs roulottes. Deux garçons déambulaient à travers le campement, entièrement nus. Il en avait ressenti du trouble. Les comédiens ne seraient donc pas seulement des artistes, ils incarneraient aussi les invertis que la société réprouve...

Mais revenons à ses « Belles... »

A partir de 1910, il apprécie la compagnie d'Anna de Noailles et celle de Misia Sert. Si la première, en le rattachant aux valeurs du passé, joue le trait d'union avec sa nouvelle vie, la seconde, associée aux Ballets Russes, annonce la modernité.

C'est en 1911, et par l'intermédiaire de madame Simone, que Jean Cocteau fait la connaissance d'Anna de Noailles. La rencontre a lieu dans une voiture et, en même temps qu'il sent « naître en eux une de ces amitiés qui dépassent la tombe », il est éberlué par le personnage. Longtemps il vantera la beauté de la poétesse, son acuité d'observation, le timbre de sa voix, sa verve et sa drôlerie. A cette période de son existence où avec ses amis il ne manque pas une occasion de se moquer des femmes qui se piquent d'écrire des vers, celle-là, déjà célèbre, obtient sans la moindre difficulté son respect et son affection. Il va même la considérer comme sa sœur, une sœur d'écriture.

Mais qui est cette petite personne, atteinte d'un véritable délire verbal qui enchante ou exaspère ses contemporains, celle dont son confesseur l'abbé Mugnier écrit : « C'est l'hypertrophie du moi ! Elle aurait dû épouser le soleil, le vent, un élément... » Non seulement elle possède de nombreux atouts propres à séduire Cocteau, mais leurs existences sont marquées par certains événements ou attitudes similaires.

Anna de Brancovan naît à Paris le 15 novembre 1876. Son père, le prince Grégoire de Brancovan, est d'origine roumaine ; sa mère, Rachel Musurus Pacha, a vu le jour à Constantinople, mais a grandi à Londres. L'enfance d'Anna se déroule entre l'hôtel particulier de l'avenue Hoche, l'un des quartiers les plus élégants de la capitale, et le chalet que possède sa famille, en Savoie, à Amphion. Deux univers différents. Avec ses tentures ottomanes, sa galerie de portraits et d'armures, son salon d'apparat tendu de peluche turquoise, le boudoir algérien, les palmiers, les tapisseries... le domicile parisien paraît étouffant à la petite fille. Elle lui trouve même des allures de mausolée. Les vacances sur le lac Léman sont, en revanche, la source d'un ineffable bonheur. Comme Maisons-Laffitte pour Cocteau, Amphion représente un paradis. Anna apprend à y aimer la nature, à se perdre dans la contemplation du ciel ou de l'eau, et son œuvre à venir témoignera de cet émerveillement. C'est là qu'une gouvernante allemande lui inculque le goût des histoires en lui racontant des récits pour l'endormir. A l'inverse, elle n'a pas celui de l'école qui, malgré son souhait, la déçoit dès les premiers instants. Enfant rêveuse et solitaire, elle se réfugie dans la lecture et avec un réel plaisir écoute sa mère jouer du piano. Toutefois, comme pour Jean Cocteau, un drame va bouleverser cette jeunesse protégée. Grégoire de Brancovan meurt alors qu'Anna n'a que dix ans.

« En rentrant dans la pièce où ma mère se trouvait assise et comme figée, sans autre expression que celle de la stupeur et vêtue d'un noir opaque, je compris que mon père était mort. Mais je ne voulus pas le savoir. Je tins mes doigts contre mes oreilles pendant des heures afin de ne pas entendre formuler ce que j'ignorais le plus [1]. »

Submergée par la tristesse, Anna se replie sur elle-même. L'absence de ce prince médiéval égaré dans un siècle dont il avait du mal à adopter les habitudes, l'absence de cet homme autoritaire mais bon, qui aimait les jardins et les poèmes est insupportable.

Pour apaiser la mélancolie de ses trois enfants, Rachel de Brancovan décide de les emmener visiter sa famille à Constantinople. Ils partent en 1887 et leur périple les fait passer par Vienne qui ne satisfait pas Anna, inconsolable, puis Bucarest. Avec Constantinople, elle se trouve face à la part orientale de son être. Le palais Musurus est vaste. On l'y choie, on l'y cajole. Elle y rencontre de nombreux cousins et cousines, découvre une nourriture aux saveurs enivrantes. Lorsqu'elle ne se promène pas dans les bazars ou le long du port, elle navigue sur le Bosphore jusqu'aux Eaux Douces d'Asie. Ses origines la rattrappent, mais elle ne peut profiter longtemps de ces retrouvailles car, malade, elle doit s'aliter. Un oncle l'aide alors à surmonter son mal de vivre en l'initiant à la poésie. C'est avec un immense chagrin qu'elle

---

1. *Mes Cahiers* III.

quitte cette ville où l'Orient et l'Occident ont mêlé le meilleur de leur art.

A Paris, la santé d'Anna reste fragile. On la décrit comme une adolescente chétive, dotée de magnifiques yeux violets et d'un teint pâle. Elle écrit des vers que Robert de Montesquiou trouve fort intéressants. Ces poèmes sont alimentés par ses premières amours et notamment son attrait pour un jeune et talentueux pianiste, Ignace Paderewski. Les journées prennent soudain une coloration exquise. Elle le voit comme une sorte « d'archange aux cheveux roux, aux yeux bleus, purs, durs, examinateurs et défiants, tournés vers l'âme ». Puis elle ajoute, et on pense à Cocteau évoquant Dargelos « Comment une rebelle demeurerait-elle insensible à celui qui représente un défi aux normes établies, comment demeurerait-elle insensible à un véritable artiste ? »

Le deuil va prendre fin chez les Brancovan, et dîners, concerts, réceptions se succèdent avenue Hoche. Anna connaît tour à tour des phases d'euphorie ou d'abattement. Elle tient un journal et continue d'écrire des poèmes. Précédant Jean Cocteau dans cette découverte, elle est sensible à l'exubérance du printemps sur la Côte d'Azur où des douleurs abdominales persistantes et un état physique déficient l'obligent à séjourner.

« De toutes parts, les roses jaillissaient amples ou exiguës et formaient des bouquets de couleur jaune, incarnat ou orangée, qui s'épanchaient pour exprimer une ineffable tendresse. »

C'est aussi la découverte de la philosophie et celle, plus éphémère, de Dieu. Perdue dans ses rêveries poétiques ou mystiques, elle se sent « habitante privilégiée de l'espace ». Il lui manque néanmoins l'amour partagé avec un homme.

A dix-huit ans, elle accomplit sa véritable entrée dans le monde. Un grand bal est donné en son honneur au cours duquel elle rencontre le peintre Jacques-Émile Blanche qui comptera parmi les intimes de Cocteau. Anna étincelle au milieu des jeunes filles de son âge. Petite, menue, volubile, elle possède une beauté et une personnalité hors du commun. Dans son discours de réception à l'Académie royale de Belgique, l'écrivain Colette, qui prendra sa place après son décès, évoquera « des yeux resplendissants, si grands qu'ils débordaient un peu sur la tempe, des lacs d'yeux sans bornes, où buvaient tous les spectacles de l'univers ». Ne se laissant griser ni par le succès ni par de nombreuses demandes en mariage, Anna continue de noter ses impressions et entreprend de nouveaux voyages. De son passage à Lourdes, elle dira dans ses Mémoires : « N'ayant point espéré, je ne fus pas déçue. » Est-elle sincère dans ses propos et n'attendait-elle pas le miracle qui l'aurait délivrée de ses insupportables et trop habituelles douleurs abdominales provoquées par un appendice enflammé ?

En 1896, elle fait à Paris la connaissance du comte Mathieu, Fernand, Frédéric de Noailles. Il a vingt-trois ans et appartient à l'une des plus anciennes et illustres familles de France. Le mariage a lieu le 18 août à Évian. Les Noailles deviennent vite un couple recherché et c'est un privilège que d'être reçu dans leur appartement de l'avenue Henri-Martin. La comédienne Simone, qui déclame les vers écrits par Anna, raconte y avoir à plusieurs reprises trouvé la poétesse « étendue dans un hamac accroché aux lambris du grand salon, toutes fenêtres ouvertes, quelques ronds de citron appliqués sur le crâne pour guérir une migraine vite oubliée au milieu de nos rires, de nos moqueries et de nos plaisanteries extravagantes ».

L'extravagance ! Voilà le mot qui souvent qualifie la comtesse de Noailles dont la coiffure, les vêtements, les poses alanguies et les trouvailles verbales surprennent la société bien pensante du XXe siècle naissant. Même si leurs démarches n'appartiennent pas aux mêmes mobiles, elle partagera cette extravagance avec Cocteau qui, son tour venu, surprendra ses contemporains. Mais si, chez lui, le désir d'étonner, voire de choquer, est souvent délibéré, il n'en est rien pour la comtesse. Telle elle est, telle elle se livre ! Réfugiée dans un univers sur lequel elle règne sans partage, elle vit pour et par ses créations. Une fantasmagorie l'habite qu'elle retranscrit sous forme de vers ou de prose. Lorsqu'elle renoue avec la réalité, c'est pour dicter sa loi et nombreux sont ses amis qui se plaignent de ses oublis ou de ses retards répétés. Habitée d'impressions, de perceptions, elle suit ses élans ou ses refus du moment car seul compte le langage de ses muses dont elle se constitue volontairement la prisonnière.

Le 18 septembre 1900, elle donne naissance à un fils Anne-Jules puis, l'automne venu, elle se prépare à la publication de son livre *Le Cœur innombrable* dont le succès dépassera toutes ses espérances. Henri Bordeaux, Maurice Barrès, Anatole France et Francis Jammes saluent celle qui sait si bien restituer la plus délicate des sensations. Anna, qui aime la gloire, devient célèbre. Robert de Montesquiou s'émerveille du talent de la « petite Assyrienne », tandis que Marcel Proust qualifie la poétesse de « femme-mage ».

Bien que le respect et un attachement mutuel survivent entre les époux, une distance s'établit dans les rapports amoureux de Mathieu et Anna de Noailles. Leurs personnalités et leurs préoccupations sont-elles trop différentes? Sans doute mais l'importance que prend Maurice Barrès dans l'existence de la comtesse ne peut être ignorée. Relation compliquée, chaotique, ponctuée de brouilles et de réconciliations et qui, des années durant, les perturbera. A Barrès lui avouant : « Si vous étiez morte, je vous désirerais encore », Anna refuse ce qui outrepasserait la passion platonique dont elle se nourrit et se grise. Barrès est marié, père de famille, député, écrivain. Et même si aux dires de la jeune femme ses propos rendent fades tous les autres, elle le sait et le voit égoïste et occupé. Elle refuse de devenir sa possession, son esclave ou, pis, sa chose... mais est-ce l'unique raison? Semblable encore une fois à son ami Cocteau, Anna privilégie les élans du cœur et de l'esprit. Elle déclare vouloir protéger « ce qui est noble ». Cela signifie-t-il que ce qui touche à la sexualité est indigne d'intérêt? L'explication tiendrait plutôt dans l'importance de protéger le fantasme pour mieux le restituer dans les écrits. Amours impossibles, amours sublimées, transcendées... la pudeur disparaît lorsqu'il s'agit de les décrire au cours d'un roman ou d'un recueil de poèmes : dans *Le Visage émerveillé*, une religieuse reçoit, la nuit, l'homme qu'elle aime puis avoue sa faute à la Supérieure du couvent. Si ce récit étonne l'abbé Mugnier, il note cependant dans son journal : « Il y a encore et surtout des joies subites, des désirs qui brûlent, de l'infini dans la limite... »

Proche de la comtesse à laquelle il voue une certaine admiration, il lui rend régulièrement visite; elle parle, parle, et il l'écoute. « Emportée par son incroyable délire verbal, elle va même jusqu'à parfois se confesser tout haut : elle veut le succès immédiat, tout le succès possible, elle veut être la première et s'accuse d'être

contente quand les poésies des autres semblent infé-
rieures aux siennes. Et, avec une parfaite inconscience
elle conclut "qu'à l'intelligence, elle préfère la bonté". »

Voilà le personnage qui, tour à tour, enchantera et
exaspérera Cocteau. Avant de la rencontrer, en 1911,
dans cette fameuse voiture où, face à son regard aigu, il
se sent, lui, le dandy, devenu provincial, il a bien sûr lu
ses vers. Sans en avoir conscience il se trouve confronté à
l'incarnation au féminin de ses plus profondes aspirations. Anna est née princesse, une partie de ses aïeux
(maternels) sont d'origine crétoise (une île dont les
mythes le fascinent); en séjournant à Constantinople, la
jeune femme a ouvert la porte d'un Orient qu'il rêve de
découvrir, elle écrit des œuvres dont elle n'a pas à rougir
et son nom ne cesse d'être prononcé dans les salons où
lui-même pénètre parfois difficilement. Fait qui mérite
aussi d'être souligné, la comtesse de Noailles n'appartient à aucune catégorie. Elle n'a ni l'âge ni l'oisiveté des
amies de Mme Cocteau, elle n'est pas non plus une
jeune fille qu'il se croirait obligé de séduire et qui consti-
tuerait donc un éventuel danger. La comtesse de
Noailles est agréable, brillante, et aussi prompte à l'ironie et à la repartie que lui. D'emblée, il la considère
comme un exemple et l'aime.

Souffrante, Anna met un certain temps à le recevoir
dans son nouvel appartement, 40, rue Scheffer. Sans
déroger à ses habitudes, elle l'accueille, allongée sur son
lit, dans une chambre d'adolescente où au milieu d'un
indescriptible bric-à-brac de voiles, écharpes, colliers,
chapelets arabes, manchons, parapluies tom-pouce et
épingles doubles, elle converse avec ses invités et,
d'après ses aveux, compose sans peine et sans rature ses
vers.

« L'œuvre jaillit toute prête. Je n'ai qu'à l'écrire », confie-t-elle à un journaliste. Cocteau la découvre « coiffée d'une aile de corbeau, catogan et boucle » (qu'elle surnomme sa colonne Vendôme [1]). Comme tout un chacun, il est sensible « aux yeux postiches, des yeux immenses qui ruissellent à droite et à gauche du visage horizontal ». Il évoque « le nez puissant, un bec, des narines aux fortes encoches, propres à respirer toutes les senteurs du monde ». Il ajoute que « la bouche gracieuse, aux lèvres frisées comme la rose, découvre une mâchoire de carnassier ».

Avec son nouvel ami, Anna de Noailles ne va pas pouvoir monologuer car, en incorrigible bavard, Cocteau n'a pas l'intention de se laisser museler. Aux dires de certains observateurs, chacun ajoute son discours à celui de l'autre et il en résulte des dialogues qui souvent donnent lieu à des malentendus. Si les disputes deviennent vite fréquentes, elles ne s'éternisent pas. Dieu en est souvent la cause. « Si Dieu existait, je serais la première avertie », déclare Anna à Jean. Elle n'admet jamais d'avoir tort et lui, qui ne peut se priver de leurs récréations, cède.

Assis sous un agrandissement photographique de la déesse Minerve, le front appuyé contre sa lance (une Minerve que l'on retrouvera dans le film *Le Testament d'Orphée* et qui tuera le poète), il observe son hôtesse. « Elle reniflait, éternuait, éclatait de rire, soupirait à fendre l'âme [2]... » Sensible au timbre de sa voix, à son extraordinaire drôlerie descriptive, il s'amuse des mises en scène car Anna n'est pas seulement une conteuse...

---

1. *Portraits-Souvenir.*
2. *Idem.*

elle est une comédienne hors pair qui calcule chacun de
ses effets dont celui, par exemple, de mettre sa main en
cornet contre son oreille afin d'écouter avec une grimace
de sourde ce qui pourrait éventuellement l'intéresser.
Mais ne prête-t-elle pas attention aux autres plus qu'elle
ne le laisse croire? En réponse à cette question, Cocteau
affirme : « Vous entendrez dire que madame de Noailles
n'écoutait personne. C'est faux. Elle et Simone écoutaient à merveille. Elles maniaient divinement cette politesse de l'ouïe. »

Anna de Noailles a treize ans de plus que Jean Cocteau et son influence de sœur aînée est grande, si grande
qu'il imite bientôt son écriture bouclée. La réussite est
parfaite puisque la destinataire s'exclame en recevant le
billet qu'il lui adresse : « C'est la première fois que je
m'envoie un pneumatique! » Elle a sans doute oublié
qu'en ayant offert à son messager un étrange stylographe
qui ressemble à une longue ventouse de caoutchouc et
pousse aux calligraphies sophistiquées, elle est à demi
responsable de ce mimétisme. Mais la forme ne suffit pas
à l'admirateur qui, pendant un temps, va adapter son
style au sien. Aux critiques, il répondra un jour :
« Combien de fois me suis-je entendu faire grief d'une
influence d'Anna de Noailles. Nos grands inquisiteurs
oublient que nombre de poètes trouvent leur route après
une ignorance qui vient du milieu où ils se cherchent. La
comtesse, Rostand, Mendès furent ces guides alors que
je sortais d'une famille à l'éclectisme suspect [1]. »

Avec la rédaction du *Potomak*, il se libérera d'une
époque essoufflée et de ses ultimes représentants mais,
malgré leurs divergences de pensées et de goûts, même

---

1. *Pour ou contre la comtesse de Noailles.*

s'il lui arrive parfois de « laisser dans son esprit d'autres rythmes vaincre les siens », Anna reste victorieuse dans ce domaine incomparable et inexplicable de l'amour. Rien en effet et pas même l'agacement de Raymond Radiguet dont Cocteau écoute les avis et qui trouve que madame de Noailles gâche son génie, rien ne viendra à bout de cette affection. Encore moins l'orgueil démesuré et susceptible de rendre insupportable celle qui refusait « d'être la modeste main-d'œuvre des forces profondes et secrètes », une formule que Cocteau utilisera toute sa vie pour définir les poètes. Oubliant les mises en scène, ses robes dont les couleurs rappellent des emballages de bonbons, ses chapeaux semblables à des paniers fleuris, il ne voit que le jaillissement d'un esprit toujours en alerte. Et s'il arrive à la comtesse de déraper vers des rêves de gloire pompeuse, il tente, mais en vain, de la remettre sur le droit chemin. Elle veut de son vivant et, au pire, après sa mort une ou plusieurs rues portant son nom. A ses yeux, la célébrité n'existe qu'à travers ces témoignages. « Rome et le nombre de ses temples seraient pour la comtesse une des preuves de l'existence de Dieu », remarque Cocteau et il ajoute qu'« elle se bouchait les oreilles à ce qui n'était pas fanfare et ne résistait pas au rouge des décorations ».

Mais contrairement à ce qu'elle laisse paraître, cette femme vit dans son silence intérieur. A l'écoute de ce que lui murmurent ses vivants, ses disparus ou les créatures surgies de son imagination, elle donna naissance à des histoires, des poèmes qui lui ressemblent, *La Domination, Les Éblouissements* puis, plus tard, *Les Climats* ou encore *Passions et Vanités*; celle qui a l'audace de dire « Je ne lis pas, je renifle », n'en finit pas de nous restituer ses liens privilégiés avec l'invisible. Comme le dira si joliment Colette : « Couchée, elle construisit et contempla tous les paysages de la terre sur le store baissé d'une unique fenêtre »; et elle ajoutera en se parlant presque à elle-même : « Le voyage n'est nécessaire qu'aux imaginations courtes. »

On a reproché à Anna de Noailles de se plaindre continuellement de sa santé, de se dire « morte », on l'a même accusée d'être une malade imaginaire. Constatation facile et erronée, mais est-il possible à ceux qui ne se battent pas avec le défi quotidien de donner forme à leurs idées de comprendre qu'une telle bagarre use les nerfs et les entrailles ? Au chevet de son amie qu'il appelle tour à tour « Œil de Rossignol », « comtesse Minerve », Jean Cocteau connaît bien, lui aussi, ces périodes d'épuisement physique et moral, cette sensation d'avoir tout donné et de ne plus savoir réactiver l'énergie. Ne lui écrira-t-il pas de Versailles en mai 1913 :

« Votre carte-lettre me donne un espoir vis-à-vis de moi-même, inerte et sans travail malgré mon désir de création, avec des malaises d'ordre cosmique et ne venant peut-être que de l'estomac. Votre source brûlante, jaillissante, égale, doit ignorer le cauchemar des semaines infécondes ! Je me ronge en face d'un store contre lequel s'étale un premier soleil et le solo de saxophone du voisin [1]. »

Dans sa chambre d'Orientale où flotte la senteur des jacinthes sauvages, il l'écoute évoquer les rives du lac Léman, Maurice Barrès, la politique qui pour elle n'est rien d'autre que « le reflet de la pourpre d'Antoine ». Parfois elle tricote une écharpe en remarquant que cet ouvrage devient une « hypnose », « une cocaïne ». Inquiet par les numéros en public de la comtesse, il préfère

---

1. *Jean Cocteau, Anne de Noailles, Correspondance 1911-1931.*

maintenant la voir en tête-à-tête. Il est vrai que certains la critiquent. Paul Bourget, par exemple, affirme avec mépris qu'elle n'est « qu'une barbare, une femme de l'Extrême-Orient, une femme de bazar » et ajoute même « qu'elle n'a pas d'art, de citadelle intérieure où l'on se retire ». Ce détracteur ne sait-il pas qu'« un poète se doit d'être très grave et par politesse d'avoir l'air léger » ?

Ces propos seront tenus par Cocteau beaucoup plus tard mais Anna aurait pu les prononcer car l'un et l'autre partagent au plus profond de leur être ce qu'il avouera dans *Le Prince frivole* : « Tout mon drame est venu lorsque j'ai compris ce que c'était que la poésie, que c'était une grande solitude, que c'était une lutte contre les tentations extérieures et contre les charmes intérieurs. » En 1913, Jacques-Émile Blanche visitant la comtesse notera sur le même thème : « En robe de chambre violette et or, étoffe de Fortuny, elle vient de se lever. Son nez paraît, est seul visible dans son petit visage et reçoit toute la lumière, sous ses beaux cheveux noir-bleu qui croulent sur le front. Elle est enfantine et "petite malade", toujours pareille à elle-même. Elle parle des bienfaits de la solitude, de la nécessité de se retirer, de se cloîtrer. » Qu'importe donc qu'au fil de leur vie on leur prête telle ou telle qualité, ou défaut, puisqu'ils n'ont de comptes à rendre qu'à l'inconnu qui les habite et les hante. Face aux exigences de la création, ils ont l'un et l'autre décidé d'oublier, ou au contraire choisi, d'utiliser la société qui les entoure... une société qui finira par pardonner leurs incartades puisqu'elle les couvrira d'honneurs. Quand Anna sera la première femme à être décorée commandeur de la Légion d'honneur, Cocteau lui écrira en janvier 1931 :

« Mais un ami de passage m'annonce votre cravate. Sur vous cravate cesse d'être cravate, moire d'être moire, "récompense" d'être récompense, croix d'être croix — Vous aurez l'air d'une colombe poignardée [1]. »

Les années ne viendront jamais à bout de l'amitié qui lie Jean Cocteau à celle qu'il considère comme « une aventurière immobile de la pensée ». L'affection est là, de part et d'autre, et Anna ne craint pas d'avouer sa tendresse à celui qui n'est déjà plus son disciple.

« Cher ami, lui écrit-elle le 30 septembre 1919, une infinité de choses à se dire dans les cretonnes ; les papiers à lettre ne suffiraient pas [2]. »

Pendant sa première cure de désintoxication en mars 1925, il lui enverra un poème :

« Anna vous m'aimez bien et je vous aime bien
Que de choses nous éloignent en apparence
Mais si les gens savaient qu'il n'y a rien
Pour dépolir entre nous la transparence [3]. »

Quelques jours plus tard, il lui avoue le supplice de la désaccoutumance « comme si on défrisait un à un un système nerveux en astrakan [4]. »

Un supplice qu'il connaîtra à nouveau lorsqu'il cherchera à se libérer de l'opium en 1928.

« Je vous écris d'une clinique. Encore une fois, j'essaye l'impossible — je m'acharne à mettre sur le compte de certains alcaloïdes une forme d'âme, une couleur de caractère, des héritages de famille.

Vous qui pouvez TOUT — fermez les yeux. Venez de votre chambre de cretonnes à ma chambre de ripolin — aidez-moi — aimez-moi comme je vous aime [5]. »

Plus tard, fin avril 1929 (?), il soulignera :

« Une de mes grandes tristesses est de ne pas nous

1. *Jean Cocteau, Anna de Noailles, op. cit.*
2. *Idem.*
3. *Idem.*
4. *Idem.*
5. *Idem.*

voir. On dirait que nous sentons l'un et l'autre que des
fantômes ne peuvent se rejoindre — Il le faut — A ce
contact nous reprendrons chair et os [1]. »

Ne pouvant entrer à l'Académie française où les
femmes ne sont pas encore acceptées, Anna siègera à
l'Académie royale de Belgique et, le hasard n'existant
pas, il est nécessaire de remarquer que son fauteuil,
après son décès survenu en 1933, sera tour à tour occupé
par son amie Colette, puis par Jean Cocteau. Ainsi, au-
delà de l'absence, celle qui aimait à remarquer « j'aurai
été inutile mais irremplaçable », n'en finit pas de tisser
des liens avec ceux qu'elle a choisis pour alter ego et
confidents, et ce jeu trouve un écho favorable chez Jean
Cocteau puisque dans ses intimes souhaits figure :

« Après ma mort, j'irai voir Anna de Noailles. Je tra-
verserai un vestibule de nuages. Je pousserai la porte et
j'entendrai la voix des disputes. "Mon petit, vous le
voyez, il n'y a rien d'autre, rien après. Vous vous souve-
nez... je vous l'avais dit"... Et pour ma joie éternelle,
tout recommence. La comtesse parle [2]... »

---

1. *Jean Cocteau, Anna de Noailles, op. cit.*
2. *Portraits-Souvenir.*

Misia Sert

1872-1950

En même temps qu'il découvre Anna de Noailles, Jean Cocteau rencontre Misia Sert, une brillante et séduisante jeune femme qui se plaît à répéter : « Je ne respecte pas l'art, je l'aime. »

On ne peut évoquer Misia sans songer aux Ballets Russes car elle fut pour Diaghilev une confidente et un inestimable soutien. Il est d'ailleurs curieux de constater que l'un et l'autre ont vu le jour à Saint-Pétersbourg, en 1872. Mais si Diaghilev est russe, Misia a par son père, le sculpteur Cyprien Godebski, des origines polonaises et par sa mère, Sophie Servais, des ascendances belges.

Jusqu'à la veille de son premier mariage, Misia ignore le drame qui a accompagné sa naissance. Séducteur patenté, Cyprien n'avait pas résisté au charme de sa tante par alliance (la sœur de sa belle-mère). Alertée par une âme bienfaisante, Sophie décida de rejoindre l'époux volage qui, bien sûr, se disait fort occupé par la décoration du Palais d'Été de la princesse Youssoupov.

Dans ses Mémoires, Misia raconte l'événement :

« En moins d'un instant, sa décision fut prise et le soir même, après avoir embrassé ses deux petits garçons, elle partait pour franchir les trois mille kilomètres qui la séparaient de l'homme qu'elle adorait. Elle était enceinte de plus de huit mois.

Dieu sait par quel miracle Sophie Godebska arriva, dans le glacial hiver russe, jusqu'au terme de son voyage, une maison isolée ensevelie dans la neige !

Elle gravit les marches du perron et, au moment de sonner, s'appuya contre le chambranle pour reprendre son souffle. Le bruit des rires qu'elle reconnut lui parvint à travers la porte... Sa main n'acheva pas le geste. Après l'effort surhumain que son amour lui avait donné la force d'accomplir, une immense lassitude, un atroce découragement s'emparèrent d'elle.

Le lendemain, averti de sa présence, son mari eut juste le temps d'arriver pour la voir mourir en me donnant le jour. Le drame de ma naissance devait profondément bouleverser mon destin [1]. »

Un destin d'héroïne de roman puisque rien dans l'existence de Misia ne sera banal ! Pas même l'enfance qui se déroule en Belgique dans la propriété de sa grand-mère Servais. Gâtée, choyée, la petite fille grandit dans une atmosphère propice à la vie sociale et à la musique ; c'est en effet à Halle qu'elle apprend à devenir l'une des maîtresses de maison les plus accomplies de son époque. C'est à Halle encore qu'elle prend conscience de ses dons de pianiste et les développe.

Toutefois, après de nombreuses et tumultueuses liaisons, Cyprien Godebski se souvient d'avoir une fille et l'appelle à Paris où il vient de s'installer après avoir conclu un nouveau mariage. Jugeant que Misia mérite

---

1. *Misia par Misia*, Gallimard, 1952.

un excellent professeur de piano, il lui choisit Gabriel Fauré.

Tout est en place pour que l'adolescente s'engage dans une prestigieuse carrière de pianiste, et pourtant ce projet n'aboutira jamais. En parfaite rebelle, Misia refuse de se glisser dans le rôle que l'on cherche à lui octroyer. Cette réaction est-elle dictée par la peur d'un éventuel échec ? Est-elle dictée par la paresse... ou tout simplement perçoit-elle avant les autres que son attirance pour les créateurs et les créations ne signifie pas forcément qu'elle-même soit capable de créer puis d'affronter la critique ? Par contre, elle a besoin de la liberté que revendiquent les artistes, aussi n'hésite-t-elle pas, après avoir quitté le pensionnat du Sacré-Cœur, à donner pour gagner sa vie des leçons de piano, puis à s'expatrier en Angleterre. Ces choix font scandale au sein de la grande bourgeoisie parisienne à laquelle appartient la jeune fille, mais elle s'en moque. Et elle a raison, car tous ceux qui l'intéresseront et qu'elle subjuguera ne connaîtront pas d'autre langage que celui de l'audace et de l'innovation.

De ces êtres à venir, Thadée Nathanson est le premier à se présenter. Ses goûts et sa conversation séduisent Misia plus que son apparence physique. Avec ses deux frères, il vient de fonder une publication, *La Revue Blanche* dans laquelle ils ont l'intention de donner la parole à des talents parfois méconnus. Ce projet enthousiasme Misia à tel point qu'elle ne fait plus de différence entre celui-ci et l'un de ses instigateurs. Elle épouse Thadée avec la certitude de l'aimer et l'ambition de mener à ses côtés la mission à laquelle elle se croit destinée.

Jeune, brillant, entreprenant, le couple Nathanson possède les qualités requises pour régner sur Paris. Ils s'installent près de la Concorde, rue Saint-Florentin, dans un appartement où bientôt va se côtoyer le monde des arts et des lettres. Sans jamais commettre d'erreurs, Thadée et Misia savent reconnaître un talent, aussi sont-ils particulièrement recherchés. Il ne se déroule pas un vernissage, un spectacle où on ne les rencontre. Leurs amis s'appellent Renoir, Bonnard, Vuillard, ainsi que Verlaine et Toulouse-Lautrec qui, sur une affiche, dessine Misia vêtue d'un merveilleux costume de patineuse.

Il a fallu peu de temps à la jeune femme pour rejoindre son époux dans l'estime de ces hommes pourtant difficiles. Tour à tour muse, éminence grise, ou séductrice, elle inspire certaines de leurs œuvres. Mais Misia n'est-elle pas, à elle seule, un monde de sensibilité et de mystère dont personne ne détient véritablement la clé... Un monde frémissant, attachant, attirant, où certains seraient prêts à se perdre.

Il serait malhonnête de dire qu'elle est belle, encore moins jolie... Elle est mieux que cela. Même si son but n'est pas de mener les hommes à leur perte, elle sait, à l'exemple des sirènes, charmer, voire envoûter. Personne, en effet, ne résiste à sa curiosité esthétique, son enthousiasme, sa fantaisie et un certain art de vivre. Personne! Ni les bourreaux des cœurs ni les âmes sensibles, encore moins les mysogynes ou les homosexuels. Et pourtant, dans ce large éventail, elle a tendance à céder aux hommes qui la trahiront ou l'abandonneront pour une autre. Les cherche-t-elle inconsciemment à l'image de son peu fiable père? Tout laisse à penser que Misia a besoin d'être maltraitée dans sa vie amoureuse. Thadée Nathanson n'est certainement pas le pire des maris; elle lui doit d'avoir approfondi et aiguisé ses goûts intellectuels et artistiques, elle lui doit aussi de l'avoir aidée à se constituer une famille spirituelle, une famille de cœur qui, peu à peu, a pris l'habitude de les entourer dans leur maison de Valvins, près de Fontainebleau.

A la Grangette, Misia connaît le bonheur. Voisine de Mallarmé, Redon et Mirbeau, hôtesse de Vuillard ou de Bonnard, elle s'abandonne aux plaisirs de l'affection partagée. Alors que les uns peignent, que les autres dissertent ou composent des vers, elle joue du piano.

Au bout de quelques années, la Grangette est remplacée par une autre maison à Villeneuve. Vuillard y peint un portrait de Misia qui écrira, cinquante ans plus tard, dans ses souvenirs :

« Le sol devenait rugueux sous nos pas. Je m'accrochai le pied dans une racine et tombai à moitié. Vuillard s'était arrêté court pour m'aider à reprendre mon équilibre. Nos regards se rencontrèrent brusquement. Je ne vis que ses yeux tristes briller dans l'obscurité grandissante. Il éclata en sanglots. C'est la plus belle déclaration d'amour qu'un homme m'ait jamais faite. [1] »

Les jolis contes ont néanmoins une fin et, c'est au moment où Thadée connaît des difficultés financières avec *La Revue Blanche* que se présente Alfred Edwards. Propriétaire du Théâtre de Paris et du journal *Le Matin*, il emploie son pouvoir et son énorme fortune à ce que rien ne lui résiste. Misia, qui le juge laid et vulgaire, a beau tenter de lui échapper, il s'obstine et, pour mieux l'enfermer dans sa toile d'araignée, envoie Thadée Nathanson en Roumanie où celui-ci croit pouvoir gagner beaucoup d'argent. A mesure que s'écoulent les semaines puis les mois, Edwards se fait de plus en plus pressant et Misia, si cultivée, si raffinée, se trouve sans défense face à la force de son engouement et de son

---

1. *Misia par Misia, op. cit.*.

désir. Plus tard, elle dira que Thadée l'a poussée dans les bras de son rival. Si l'aveu n'est pas entièrement faux, il n'est pas non plus le reflet de la vérité. Habituée à une certaine notoriété, un certain train de vie, elle pèse le pour et le contre dans la demande en mariage d'Edwards qui, pour elle, a décidé de divorcer.

S'étant à son tour rendue libre, elle finit à la stupéfaction de son entourage par l'épouser, en 1905. Une nouvelle fois, Misia méprise les conventions et cet aspect de sa personnalité ne pourra que séduire Cocteau. Semblable à lui, semblable à Anna de Noailles, elle se moque du qu'en dira-t-on. Sa vie lui appartient et, même si elle risque de se tromper, elle en use comme il lui plaît. Dans le cas présent, elle se repentira assez vite d'avoir privilégié un pouvoir tapageur et un luxe facile. De plus, la jalousie obsessionnelle de son époux lui pèsera jusqu'à ce que les rôles s'inversent. En s'immisçant entre eux, la comédienne Lantelme va, en effet, ébranler la légendaire assurance de Misia. La rivale, il faut l'avouer, est jeune, belle, ambitieuse et résolument perverse... des atouts qui font éclater en mille morceaux le couple Edwards. Meurtrie dans ses sentiments et dans son orgueil, Misia ne songe plus qu'à se cacher de tous ceux qui l'ont jusque-là adulée. Pas un instant, elle n'imagine que de grandes émotions sentimentales et artistiques lui seront bientôt accordées. En réalité, Mme Edwards n'a pas encore connu la passion physique, et c'est le peintre espagnol José Maria Sert qui, en la révélant à elle-même, lui fera oublier ceux qui l'ont précédé.

Sert a beau être laid et peu distingué, il l'amuse, l'étonne, la subjugue. Elle écrira que « ses propos étaient tenus sur le ton du plus grand sérieux avec une étincelle fugitive dans le regard qui démentait ce que disait la bouche ». Conquise, elle le rejoint à Rome et se rend compte qu'elle l'aime et qu'il ne s'agit pas, cette fois-ci, d'une affection fraternelle ou d'un besoin de protection. C'est donc une femme épanouie et comblée qui, rentrée à Paris, assiste à l'opéra que présente l'imprésario Serge de Diaghilev, *Boris Godounov* de Moussorgsky. Tout est réuni pour que Misia soit transportée : la Russie, la musique, les voix, une beauté sauvage, une féerie et une originalité dont elle restera à jamais la prisonnière. S'unissant aux journaux qui crient au miracle, elle ordonne à tous ceux qui se déclarent ses amis d'assister au spectacle. Simultanément elle apprivoise celui que l'on appellera familièrement Chinchilla à cause de la mèche de cheveux blancs qui barrait son front... mais comment ne s'entendraient-ils pas alors que de nombreuses similitudes d'existence et de caractère les rapprochent... l'un et l'autre sont faits pour régner en despotes et pour intriguer, l'un et l'autre comprennent les arts et, à défaut d'être artistes, donnent leur chance à ceux qui sont susceptibles de s'exprimer avec talent. Ils partagent encore le flair, l'audace, l'ironie mordante et un attrait pour les aventures esthétiques risquées.

Diaghilev, que seuls les hommes attirent, révélera un jour à Misia la place qu'il lui octroie.

« Tu prétends que ce n'est pas moi que tu aimes, lui écrit-il, mais seulement mon travail ! Eh bien ! Je dois dire le contraire de toi, car je t'aime avec tes nombreux défauts et j'éprouve envers toi les sentiments que j'aurais pour ma sœur si j'en avais une. Malheureusement je n'en ai pas, aussi tout cet amour s'est-il cristallisé sur toi. Rappelle-toi s'il te plaît qu'il n'y a pas bien longtemps, nous sommes très sincèrement tombés d'accord sur le fait que tu es la seule femme sur terre que je puisse aimer [1] »

---

1. *Misia par Misia, op. cit..*

Cette déclaration est certainement sincère car comment Diaghilev n'estimerait-il pas celle qui non seulement lui renvoie un reflet flatteur de lui-même mais se démène pour trouver des solutions financières à ses spectacles ? Bénéficiant de la confiance du maître, Misia devient donc l'intermédiaire idéal pour ceux qui souhaitent le rencontrer. Jean Cocteau en fait partie.

« Je rencontrai Serge de Diaghilev chez madame Sert. De cette minute je devins un membre de la troupe. Je ne vis plus Nijinski que des coulisses ou de la loge dans laquelle, derrière madame Sert surmontée de l'aigrette persane, Diaghilev suivait ses danseurs avec une toute petite lorgnette de nacre [1]. »

Pour lui, la troupe des Ballets Russes est devenue une famille. Il sent à travers elle qu'un vieux monde est en train de basculer, laissant sa place à la couleur, au mouvement et surtout à la modernité.

Dans ses entretiens avec Roger Stéphane, il déclarera que les Ballets Russes n'avaient pas été une révolution.

« Ils ont tout à coup enchanté Paris comme un feu d'artifice. Mais quand Diaghilev a connu les peintres, il s'est rendu compte qu'il n'avait eu jusque là que des décorateurs et il a commencé à demander des décors à Picasso, à Braque, à Matisse. »

A ces peintres se sont joints des musiciens tels Stravinski et Satie... et ainsi s'est produit ce qui donna naissance à de grands mouvements : les différentes formes d'art se sont mêlées, s'apportant mutuellement leur force et leur souffle.

Cocteau ne songe qu'à entrer dans les grâces de Diaghilev qui, de son côté, ne se laisse guère amadouer.

---

1. *La Difficulté d'être.*

On chuchote que l'intérêt du poète pour le danseur Nijinski serait la cause de cette attitude distante. Qu'importe! Cocteau persévère, et il a raison, puisqu'il obtient l'autorisation d'écrire sur une musique de Reynaldo Hahn un ballet d'inspiration indienne. *Le Dieu bleu* n'est pas un succès, mais Cocteau a déjà d'autres projets dont celui de travailler avec Igor Stravinski. Misia est chargée d'intercéder en sa faveur; cependant Diaghilev ne croit pas à ce *David* sur lequel réfléchit un jeune homme qui, depuis le fameux « Étonne-moi », cherche désespérément à le surprendre.

« Cette phrase, raconte Cocteau, me sauva d'une carrière de brio. Je devinai vite qu'on n'étonne pas Diaghilev en quinze jours. Dès cette minute je décidai de mourir et de revivre. Le travail fut long et atroce. Cette rupture avec la frivolité d'âme, ignoble surtout si elle se cache sous la tristesse, je la dois comme tant d'autres à cet ogre, à ce monstre sacré, au désir d'étonner ce prince russe qui ne supportait de vivre que pour susciter des merveilles. »

Le *David* ne se montera pas mais, anticipant sur l'avenir, Cocteau oublie toute rancune et continue de faire une cour assidue à Misia. Il lui offre, en 1912, un éventail sur lequel il a inscrit :

« Au vide aérien de ton vol, je me fie
Fleur japonaise, aux doigts, qui renaît et se forme
Pour prolonger ce frère où l'immortel Stéphane
Présageait sur de l'or "les bonheurs de Sophie". »

Jouant sur l'un des prénoms de son amie, il évoque, à l'envers, l'ouvrage de la comtesse de Ségur.

Misia qui n'a pas encore épousé José Maria Sert est alors installée 29, quai Voltaire où, entourée d'un mobilier hétéroclite et de bustes antiques, elle reçoit tous milieux confondus ce que Paris compte d'étonnant. Elle qui croyait révolu l'âge d'or de la rue Saint-Florentin et de Valvins se sent à nouveau décisionnaire, utile et enjouée.

Cocteau écrira *Thomas l'Imposteur* en 1922 et, à travers le personnage de la princesse de Bormes, il rendra hommage à Misia.

« La princesse de Bormes était polonaise. La Pologne est le pays des pianistes. Elle jouait de la vie comme un virtuose du piano et tirait de tout l'effet que ces musiciens tirent des musiques médiocres comme des plus belles. Son devoir était le plaisir [...] Elle voulait s'amuser et savait s'amuser. Elle avait compris, à l'encontre des femmes de son milieu, que le plaisir ne se trouve pas dans certaines choses mais dans la façon de les prendre toutes. Cette attitude exige une santé robuste. »

Sans doute envie-t-il à Misia son équilibre, son entrain, lui qui souffre d'une santé souvent déficiente mais aussi de maux psychosomatiques.

Il ajoutera :

« Elle déformait la vertu comme l'élégance déforme un habit trop roide et la beauté de l'âme lui était si naturelle qu'on ne la lui remarquait pas [...] Aussi, d'imprudences en imprudences, la princesse de Bormes faisait-elle le plus adroit travail de filtre, éloignant d'elle le médiocre et ne retenant que la qualité. »

A ses yeux Misia incarne plusieurs traits d'union et, tout d'abord, celui qui relie le XIXᵉ siècle avec l'époque dans laquelle il vit. Le physique de son amie, ses goûts vestimentaires appartiennent en effet au siècle précédent, mais son caractère est bel et bien celui d'une femme moderne. Elle est un intermédiaire entre l'aristocratie, la grande bourgeoisie et les artistes en quête de mécènes.

« Elle juge les hommes d'après leur mérite et met les artistes sur le même rang que les souverains [1]. »

Voilà donc celle qui l'entraînera dans l'aventure de la guerre, celle qui, ne supportant pas d'être tenue à l'écart d'événements graves, organisera le rapatriement des blessés du front vers la capitale.

Plusieurs mois avant que ne s'ouvre le conflit avec l'Allemagne, Cocteau, sentant qu'un vieux monde s'essouffle, tourne le dos aux valeurs du passé et entame un livre différent de ses publications antérieures. Écrit entre Offranville, en Normandie (chez le peintre Jacques-Émile Blanche), Maisons-Laffitte et Amboise où l'invitent régulièrement les Daudet, *Le Potomak* donne vie aux « Eugène », des personnages que l'auteur va jusqu'à dessiner et qu'il souhaite placer devant les grandes préoccupations de l'existence tels l'amour, l'art ou la mort.

L'abbé Mugnier, confesseur et ami de la famille, note dans son *Journal* (le 20 mai 1915) :

« Jean nous a lu des pages du livre qu'il allait faire paraître, si la guerre n'avait pas éclaté. Ce livre n'est beau, dit-il, que par l'architecture, une architecture de sincérité. Je ne comprenais pas, sauf de loin en loin, mais je ne nie pas le talent quand même. Il y a un des interlocuteurs qui s'appelle Perdicaire, il y a aussi un monstre qui représente l'infini et qui s'appelle Le Potomak. On fait avaler à ce dernier Parsifal (la musique). »

Quelques mois plus tard, (le 28 octobre 1915), il raconte :

« Déjeuné chez madame Cocteau. Après le repas, été dans le cabinet de travail de Jean où le masque admirable de Napoléon mort, par Antommarchi, orne la

---

1. *Thomas l'Imposteur.*

grande table, où le gramophone joue des chants de la chapelle Sixtine et du Gluck. Jean m'a montré des photographies de jeu de football où il trouve des attitudes, des scènes bibliques. »

Paulet Thévenaz, un jeune professeur de culture physique, qui lui aussi dessine, occupe alors les pensées de Jean, mais cette liaison le rend inquiet, malheureux. A André Gide auquel le lie, à ce moment-là, une certaine amitié, il confie dans une lettre : « S'efforcer de rejoindre un amour, y parvenir et que juste alors cet amour vous lâche, on en étouffe de déception, de ratage, de fatigue, de solitude. »

En juillet 1914, la menace plus précise d'une guerre prend le pas sur les préoccupations de chacun. Jean Cocteau vient d'avoir vingt-cinq ans et, partageant l'état d'esprit de Misia, il n'a pas l'intention de demeurer inactif.

Mais retrouvons *Thomas l'Imposteur* et la princesse de Bormes :

« Cette femme qui se moquait d'avoir la première place aux fêtes y voulait la meilleure. Ce n'est généralement pas la même. Au théâtre, elle cherchait à voir et non à se faire voir. Les artistes l'aimaient.

La guerre lui apparut tout de suite comme le théâtre de la guerre. Théâtre réservé aux hommes. Elle ne pouvait se résoudre à vivre en marge de la chose qui avait lieu ; elle se voyait exclue du seul spectacle qui comptât désormais. C'est pourquoi loin de déplorer que les circonstances la retinssent à Paris, elle les bénissait.

Paris, ce n'était pas la guerre. Mais, hélas, il en devenait proche, et cette nature intrépide écoutait le canon comme, au concert, on écoute l'orchestre derrière une porte que les contrôleurs vous empêchent d'ouvrir. »

Sans perdre de temps, Misia propose ses services à la Croix-Rouge puis, rien ne lui résistant, réquisitionne

chambres d'hôtel et linge pour les blessés. Avec le soutien du général Gallien, gouverneur militaire de Paris,
elle transforme en ambulances douze voitures de livrai-
son appartenant aux maisons de couture dont elle est la
cliente puis part pour l'Hay-les-Roses où, dans une gare
désaffectée, sont rassemblés les hommes ramenés du
front. Le dessinateur Paul Iribe l'accompagne dans la
mercédès qui ouvre le convoi ainsi que Jean Cocteau,
habillé pour l'occasion d'un uniforme créé par Poiret. Ils
vont plus tard se diriger vers Reims et Jacques-Émile
Blanche écrira dans ses mémoires :

« Misia fut dans Reims sous les premières bombes,
elle se promena dans la mitraille et dans les flammes. Si
le feu prenait chez elle, elle y resterait pour mieux le voir
flamber. »

Et, se ralliant à l'avis général, il ajoute : « Comment
tolèrerait-elle que quelque chose se passe quelque part et
de ne pas y être. »

Ayant toujours vécu dans l'abstraction de la création, Misia et Jean se trouvent pour la première fois de
leur existence confrontés à la plus terrible des réalités...
et ce baptême du feu et de l'horreur les unira davantage
que tous les projets artistiques.

« La gaieté, la tendresse et l'esprit de Jean Cocteau
furent précieux pendant toute cette période d'activité
tumultueuse », reconnaît Misia.

Il a déjà appris à affronter les choses graves avec une
légèreté qui ne traduit en rien ce qu'il éprouve; sa vie
durant, ses détracteurs lui reprocheront d'ailleurs une
attitude que seules lui dictent la pudeur et l'éducation.

Épuisée par son travail d'infirmière, Misia est
relayée par le comte Étienne de Beaumont qui, avec son
propre convoi, porte secours aux blessés du front nord.

Composée d'artistes dont Cocteau, la section d'ambulanciers aux armées ressemble « à un cirque en déplace-
ment, ce qui désolait Beaumont », avoue Bernard Fay
dans *Les Précieux*.

Du front, Cocteau écrit à Misia.

« J'ai pensé à vous toute ma nuit de Noël aux premières lignes. Silence de Bethléem, odeur de crêche,
trêve de mitraille, tirailleurs debout et graves comme des
mages, grosses étoiles d'aluminium qui, hélas, règlent les
tirs ! On croise la nuit sur les routes des ânes, des indi-
gènes, des machines étranges, bible, et apocalypse. »

A son tour, il rentre dans la capitale où, depuis plusieurs années, il vit en tête-à-tête avec sa mère, 10, rue
d'Anjou... Sa mère à laquelle il écrit chaque jour
lorsqu'il s'absente. Non seulement il la tient au courant
de ses faits et gestes mais il lui présente la plupart de ses
relations. Mme Cocteau connaît Anna de Noailles,
Misia Edwards et souvent son fils la charge de messages
à leur intention. Un voyage en Algérie, en 1912, avec
Lucien Daudet, puis ses allées et venues au front d'où il
lui réclame chandails, nourriture ou eau de toilette ne
sont pas parvenus à couper le cordon ombilical.

Paul, le frère aîné de Jean, a rallié l'aviation militaire
et, déjà, on loue sa bravoure. Ne voulant demeurer en
reste, le cadet s'active, à la fin de 1915, pour rejoindre
l'armée. Exempté de service militaire, il ne peut le faire
qu'illégalement. A Nieuport, il s'infiltre parmi les fusiliers marins et raconte à sa mère les tranchées :

« De dix en dix mètres, aux meurtrières, debout,
vêtus de peaux de mouton, de ficelle et de journal, les
tirailleurs veillent... Ils ne se retournent pas plus à notre
passage que dans les cafés maures de Blida. Ils guettent
et les Boches guettent. Ils se regardent les yeux dans les
yeux. C'est d'une grandeur, d'une puérilité, d'une folie

indescriptibles. Nous sommes à vingt mètres des Boches. (25 décembre 1915) [1] »

Plus tard, le 31 janvier 1916 :

« Imagine ce que je retrouve dans mes mots d'il y a deux semaines : "Rêvé que j'étais en aéroplane avec Paul. Il me disait : Tu vois ce bateau, maman est à bord et elle nous cherche, il vaut mieux redescendre [2]". »

Rêve ô combien œdipien et explicite ! En pleine guerre, une guerre à laquelle il tient à participer, Cocteau, dans son inconscient, ne songe qu'à se réfugier dans le cocon maternel. Il s'agit d'une régression et en même temps d'une incapacité à transférer des sentiments amoureux sur une femme... et ceci, malgré le début de cour qu'il fait à Valentine Gross, une jeune fille dont, fugitivement, il s'imagine épris et qui vit à Boulogne.

Se terrer dans les tranchées ne l'empêche cependant pas de réfléchir à ses projets artistiques et littéraires.

Il écrit à Misia : « L'œuvre que je porte s'organise — me donne bien des tracas et bien des consolations. »

Il s'agit du *Cap de Bonne Espérance*, une série de poèmes dédiés à Roland Garros.

C'est chez Misia qu'il a rencontré le héros de l'aviation et, vite fasciné, il n'avait pas hésité à monter avec lui à bord d'un Morane pour survoler Paris et sa banlieue.

Mais refusant d'être distancée, Misia avait, elle aussi, accompli une promenade aérienne.

« Vêtue du plus curieux accoutrement, raconte-t-elle dans ses Mémoires, je pris place avec lui dans un de ces fragiles engins qu'on eût pu justement appeler "Trompe la Mort". Il voulut m'éblouir par sa science

---

1. *Lettres à sa mère.*
2. *Idem.*

aéronautique en me faisant toutes espèces de démons-
trations de "loopings" et je n'ai jamais eu si peur de ma
vie. Sortie verte et décomposée de cette aventure, je mis
plusieurs jours à m'en remettre [1]. »

Tel un chevalier des temps modernes, Roland Garros combattit, fut emprisonné, s'évada, reprit du service,
puis fut abattu. Plus intuitive que les autres, Misia avait
compris qu'il était condamné.

« Depuis longtemps, déjà, je lisais sur son visage
qu'il était marqué par la mort. Dès son troisième vol, il
fut tué. »

En juin 1916, la présence illicite de Cocteau est
découverte à Nieuport et il est renvoyé à l'arrière.

De retour à Paris, il se consacre à *Parade*, un spectacle qu'il a eu le temps de mûrir et auquel doivent collaborer des artistes qu'il tient en haute estime : le musicien
Erik Satie et le peintre Pablo Picasso qui réalisera le
rideau de scène, le décor et les personnages. Cette fois
encore, Misia est chargée d'intercéder auprès de Diaghilev pour que le ballet soit monté au Châtelet. Une correspondance s'établit alors entre les principaux intéressés
que rejoint Valentine Gross. C'est à qui répétera les
confidences qu'il ou qu'elle a promis de garder secrètes.
Misia dont Cocteau va temporairement douter devient
Tante Brutus ou Tante Trufaldin. Mais, au moment où
la rupture s'avère inévitable, tout miraculeusement
s'arrange.

« Chère Misia,
Revenez vite. Il me tarde de vous sauter au cou et
d'oublier dans le bon rire et les embrassades mille
embrouilles que la distance et la fatigue enchevêtrent.

Jean. »

---

1. *Misia par Misia, op. cit.*

Parade est un gigantesque scandale. Épouvanté par l'aspect futuriste du spectacle, le public hurle.

« On voulait nous tuer, confie Cocteau à André Fraigneau. Des dames se précipitaient sur nous avec des épingles à chapeaux. Nous fûmes sauvés par Apollinaire parce qu'il avait la tête bandée, il était en uniforme et on le respectait; il se mettait devant nous comme un rempart. Mais nous avons entendu, Picasso et moi, un monsieur qui disait à un autre : "Si j'avais su que c'était si bête, j'aurais amené les enfants". »

Qu'importe la haine, Cocteau a trouvé sa voie. Avec Kisling, Modigliani, Brancusi, Jacob et Reverdy, ses amis de Montparnasse, il jette les fondations d'un nouveau langage, d'un art débarrassé de toutes les volutes de la Belle Époque.

« C'était une époque d'amis et d'ennemis, de tribunaux, une espèce de famille dans laquelle on se disputait. » Il dira encore à Roger Stéphane :

« Montparnasse était une ville de province, une campagne avec l'herbe qui poussait entre les pavés. Quand j'ai demandé à Picasso de faire *Parade* je me rappelle que c'était entre le Dôme et la Rotonde, et il y avait de vieilles femmes qui poussaient des charrettes avec des tortues dedans. »

Picasso sera la rencontre capitale de Cocteau.

« Picasso était déjà ce roi des chiffonniers qu'il continue d'être à Vallauris, ramassant tout dans la rue et le haussant à la dignité de servir. C'est un Orphée, il charme les objets et les objets qu'il charme, il les emmène où il veut [1]. »

Le cubisme ne fait pas oublier à Cocteau Misia qui, enfin, épouse José Maria Sert, puis vit entre l'hôtel Meurice et l'appartement du quai Voltaire. Elle est devenue

---

1. *Entretiens avec André Fraigneau.*

l'amie intime de Gabrielle Chanel qui, plus tard, tentera de la supplanter auprès de Diaghilev en jouant les mécènes. Mais, pour l'instant, Misia est indétrônable. Personne ne sait mieux qu'elle recevoir et, dans son salon, entre les cristaux et les laques, se retrouvent pour converser Alexis Léger (qui deviendra Saint-John Perse), Pierre Reverdy ou Paul Morand.

« J'admire chez Misia cette joie de vivre qui se dissimule sous une mauvaise humeur constante, ce profond équilibre dans le désespoir. Et puis, Misia, c'est Misia, quelqu'un de sans pareil et, comme dit Proust, un monument. Misia sera dans l'histoire du goût, dans l'art de Paris, plus importante que toutes les Du Deffand et toutes les sottes d'esprit du xviiie [1]. » (10 mai 1917)

Avec son époux, Misia voyage en Italie et en Espagne. Ses toiles rapportent beaucoup d'argent au peintre, davantage encore depuis que sa femme lui obtient de prestigieuses commandes... aussi mènent-ils la grande vie.

L'enthousiasme de Misia pour découvrir de nouveaux talents reste cependant toujours le même... et aucun artiste ne résiste à son entrain et à son discours.

Dans *Le Bœuf sur le Toit*, Maurice Sachs déclarera :
« Elle a le don, l'éclat, la chaleur, la tendresse et ce pouvoir d'éblouissement qui naissent d'autant d'esprit que de cœur mais qui ne s'épanouissent que par l'effet d'une sorte de génie qui est la forme la plus ravissante et la plus vraie du génie féminin. »

Parmi les nouveaux protégés se place Raymond Radiguet, présenté par Max Jacob. Cette adoption ne peut que contenter Cocteau pour qui, d'après ses dires, cet adolescent précoce de quatorze ans devient le maître,

---

1. *Lettres à sa mère.*

et le fils. Malgré les nuits passées ensemble au Bœuf sur le Toit, le bar lancé par leur bande, malgré une apparente assurance, Radiguet écrit pourtant à Misia alors qu'il rédige *Le Bal du Comte d'Orgel* : « Ce n'est pas gai d'être atteint comme moi de cette maladie du silence et de n'oser voir ceux en la compagnie desquels on se plaît le plus, crainte de les ennuyer. Pourtant, dès mon retour, je viendrai égoïstement vous voir. »

En 1923, Radiguet meurt en quelques jours de la fièvre typhoïde. Côte à côte, Misia et Gabrielle Chanel le veillent puis l'accompagnent jusqu'à sa sépulture.

Une fois encore, Misia partage avec Cocteau un événement grave et sans doute, plus que tous les autres, ce lien douloureux consolidera leur amitié. En effet, malgré un milieu qui ne favorise pas les longues et profondes relations, Misia Sert et Jean Cocteau demeureront fidèles l'un à l'autre et à leurs souvenirs communs. Leur intuition, leur flair sont similaires mais, si Misia a longtemps eu sur son entourage l'ascendant, la crise qu'elle se prépare à traverser va la rendre vulnérable, voire pathétique, au poète qui autrefois lui enviait sa force et son énergie.

Doit-on toujours payer une aptitude au bonheur? Alors qu'elle trouvait un équilibre entre son amour pour Sert et son rôle de muse et de confidente auprès de ses amis, la venue d'une jeune femme met en péril sa légendaire invincibilité. Roussada Mdivani a dix-neuf ans. Elle est russe, belle, et José Maria Sert qui, avec plus ou moins de discrétion accumule les aventures, ne résiste pas au charme de cette princesse géorgienne dont le père fut l'aide de camp du tsar Nicolas II. Cette fois-ci, Misia se sent menacée et elle a raison. Mais en faisant la connaissance de l'intruse, elle éprouve à son égard un violent coup de foudre. Que ressent-elle au juste ? Une attirance ambiguë, la nostalgie de sa jeunesse perdue, un sentiment maternel jusqu'alors inconnu puisqu'elle n'a pas eu d'enfant ? Il n'est pas faux de dire que Misia vante sans relâche au sein de son couple les qualités de la jeune exilée, pire, elle lance celle-ci dans le cénacle parisien... Bientôt on ne parle plus que de Roussy. Gabrielle Chanel s'en entiche et, à son intention, crée de magnifiques vêtements. Misia perd-elle la raison ou remue-t-elle l'idée qu'en facilitant la situation à son mari, il ne l'abandonnera pas ? Le calcul s'avère mauvais car, après des ruptures suivies de réconciliations, Sert demande le divorce afin d'épouser Roussy.

L'énergie de Misia ressurgit alors pour transformer le négatif en positif. Plutôt que de jouer les inconsolables répudiées, elle prépare le mariage de ceux qui pourtant cherchent à sortir du cercle étouffant et malsain qu'elle a dessiné autour de leur trio. Est-ce l'amour qui la pousse à sublimer une situation que d'autres jugeraient insupportable ? Comme Jean Cocteau, Misia a besoin de cérébraliser ses sentiments et, comme lui, elle s'imagine capable de les « déplacer ». Ne considère-t-il pas certains hommes qui auront tendance à vivre ailleurs leur passion comme ses fils ? Et lorsque Cocteau écrira, des années plus tard, *La Voix Humaine*, cette pièce où une femme, par l'intermédiaire du téléphone, supplie son amant de ne pas la quitter, se souviendra-t-il de Misia, de la peine qu'elle ne pouvait cacher et qui lui faisait remarquer avec un cruel sens du raccourci : « Misia a l'air de ces personnes qui attendent debout une table libre dans un restaurant plein de monde. Leur présence empêche les autres de manger. »

Misia, Roussy et Sert lui inspireront une autre pièce

où, dans l'esprit du théâtre de boulevard, il racontera leur drame, *Les Monstres sacrés*. Ce drame, Misia le vit avec d'autant plus de douleur qu'un autre homme l'abandonne, même si sa désertion est involontaire. Serge de Diaghilev meurt à Venise entre ses favoris Serge Lifar et Boris Kochno. Sont aussi présentes les deux femmes qui ont veillé sur sa carrière : Misia et Gabrielle Chanel.

« L'âme vide, je me retirai, marchant au hasard, se souvient Misia. Un banc au soleil... Je ne sais combien de temps, j'y restai assise. Puis je me rappelle un tramway, une gondole, le cimetière... lui chercher un terrain, c'était l'affreux et dernier service que je pouvais rendre à l'ami qui depuis plus de vingt ans habitait mon cœur [1]. »

A partir de ce moment, l'existence de Misia bascule. Nous sommes en 1938. Elle n'est plus jeune et des femmes comme Marie-Louise Bousquet, Marie-Laure de Noailles ou Marie-Blanche de Polignac tiennent les salons où l'on aspire à être reçu. La drogue devient un refuge mais, contrairement à Cocteau qui s'adonne à l'opium, elle préfère la cocaïne. Rien ne lui étant désormais épargné, Roussy succombe à la tuberculose. Ravagée par un chagrin sincère et la lassitude, Misia se rétablit avec difficulté d'une crise cardiaque qui a failli lui coûter la vie. Sert est à nouveau auprès d'elle mais l'âge d'or est bel et bien terminé et rien ne pourra jamais plus ressembler à avant...

La France déclare la guerre à l'Allemagne tandis que Misia chemine doucement vers la vieillesse. Sa vue décline. Elle continue d'aimer, voire de vénérer celui qui fut son époux et dont elle partage à nouveau le quotidien. Dès qu'il s'éloigne, elle se sent perdue et Boulos

---

1. *Misia par Misia, op. cit.*

Ristelhueber, son dernier confident, note dans son journal, le 27 janvier 1941 :

« Misia est couchée. Elle me dit qu'elle vit dans la hantise de mourir avant que Sert ne rentre. On peut parler de théâtre, d'habileté extrême à construire sa vie, de publicité permanente, de jeu, de tout ce qu'on voudra. Ça ne m'empêche pas d'avoir une admiration sans bornes pour un sentiment comme celui de Misia à l'égard de Sert. Une comédie qui dure depuis cinquante ans avec la même exaltation est plus humaine et plus vraie que n'importe quel sentiment classé "vrai" et qui dure six mois. »

Misia doit, hélas, connaître un dernier drame, le pire... Le 27 novembre 1945, Sert meurt. « Avec lui, confie-t-elle, disparaissait pour moi toute raison d'exister. »

Il lui reste, néanmoins, cinq années à partager avec les vivants, cinq années au cours desquelles la morphine va devenir sa plus chère compagne. La délivrance arrive enfin le 15 octobre 1950. Misia va retrouver ceux qui lui sont restés proches. Mais, en attendant, reconnaît-elle les amis qui se présentent à son chevet : Paul Claudel, Coco Chanel, des bons et des mauvais jours, et Jean Cocteau dont on retiendra les lignes qu'il avait rédigées pour *Paris-Midi*, à l'occasion d'un concert donné par Misia en 1933 :

« Nous voilà face à face avec une de ces femmes auxquelles Stendhal accorde le génie. Génie de marcher, de rire, de remettre à sa place, de manier l'éventail, de monter en voiture, d'inventer un diadème... Mais j'ignorais que ce génie vague, aérien, ce génie qui s'exprime soit par une insolence, soit par la construction d'arbres chinois aux branches de plumes et de perles, j'ignorais, dis-je, que ce génie poussait son registre jusqu'au génie véritable et que notre pianiste de la vie était une pianiste tout court. »

Valentine Hugo
1887-1968

Jean Cocteau rencontre Valentine Gross au moment
où il découvre les Ballets Russes car tous deux hantent
les coulisses du Châtelet.

Passionnée par la danse, la jeune fille exécute avec
brio des croquis de Nijinski et d'Ida Rubinstein dans *Le
Spectre de la Rose* ou *Carnaval*. On lui doit aussi de
magnifiques bois gravés où, avec fidélité, elle restitue la
magie et l'exotisme des spectacles.

Valentine est née le 16 mars 1887 à Boulogne-sur-
Mer. Sa mère est institutrice, son père musicien. Dès
son plus jeune âge, il l'entraîne au concert et, afin de
former son goût pour la scène, il lui offre un théâtre
d'ombres.

A l'exemple de Cocteau qui, enfant, construisait des
décors dans des cartons d'emballage, elle va bientôt imaginer ses propres pièces.

La similitude entre ces deux personnages ne
s'arrête, hélas, pas là, car Valentine perd son père alors

qu'elle n'a que seize ans. S'agit-il d'un accident? D'un suicide? On le dit tombé à la mer du haut d'une falaise...

Valentine attend quatre ans pour quitter Boulogne et gagner Paris où elle s'inscrit à l'école des Beaux-Arts. Au mépris de toutes les conventions, elle s'installe dans une pension de famille, puis loue une chambre proche de son lieu d'études.

Sa vie durant, elle n'obéira qu'à ce désir d'indépendance qui l'aide à braver l'ordre établi ou d'éventuelles critiques. Bien avant l'ère de la Garçonne, Valentine affirme sa modernité. Libre de ses jugements, et de ses faits et gestes, elle va où la poussent ses intérêts artistiques.

Unie à la troupe de Diaghilev, elle expose ses pastels dans le Foyer du nouveau Théâtre des Champs-Élysées alors que *Le Sacre du Printemps* y déclenche un scandale. Simultanément, elle prépare une histoire de la danse. Peut-être écrira-t-elle un livre sur Nijinski... En tous les cas, elle y songe. Mais sa vie parisienne l'absorbe car, grâce à quelques amis dont Misia, elle a fait la connaissance de ce que la capitale compte de plus talentueux.

Dans l'appartement qu'elle habite maintenant quai Bourbon, elle reçoit Léon-Paul Fargue, Paul Morand, Erik Satie, Georges Auric et, bien sûr, Jean Cocteau.

Gaston Gallimard, qui fait partie de ses proches, la présente à un homme fortuné, Charles Stern. Celui-ci, conquis par le charme et l'originalité de Valentine, ne tarde pas à la demander en mariage. La tentation de pouvoir, grâce à lui, jouer les mécènes la pousse à accepter des fiançailles, mais elles seront de courte durée.

Dans une lettre à Jean Cocteau, elle confie les raisons de son refus et livre ses véritables aspirations.

« Vous êtes trop un ami pour que je vous cache plus longtemps ce que j'ai l'intention de faire. Depuis huit

mois, je souffre le martyre et même sur un gril d'or, je ne
supporterai pas de le souffrir plus longtemps. Il y a des
points obscurs qui se sont éclaircis et je suis certaine
maintenant que, par exemple, jamais certains de mes
amis ne seront invités dans la maison de Charles Stern.
Il méprise presque tous mes anciens amis et ceci n'est
pas le moindre grief que j'ai contre lui. Il y en a d'autres
que je ne puis dire et tant d'autres. J'ai pris ici la force
d'une décision qui vous paraîtra peut-être folle — mais
je dis ou mes amis entreront avec moi boulevard Lannes
ou je n'y rentrerai jamais. C'est déjà suffisant que l'on ait
essayé de détruire toutes mes amitiés les unes après les
autres, je suis trop orgueilleuse pour en supporter davantage... j'aime mieux reprendre ma liberté et le dur métier
de construire. Que m'importe si ma liberté m'impose de
vivre plus modestement. Je suis si riche en amitié et je
peux donner tant de moi-même que cela vaut bien une
fortune [1]. »

Amitié, liberté... mots clés pour accéder à Valentine. Cocteau, pour sa part, les connaît et les cultivera
jusqu'à la fin de sa vie.

Lorsque la guerre éclate en 1914, le lien qui l'unit à
Valentine est déjà étroit. Il l'aime comme une sœur,
même si Mme Cocteau, dans un soudain sursaut de
magnanimité, estime qu'il pourrait l'épouser. Valentine
est une travailleuse et l'un et l'autre se stimulent. Il lui lit
ses derniers poèmes tandis qu'elle lui demande son avis
sur ses dessins. Aux yeux de Jean, elle possède « une
figure de cadeau ». Par son long cou, elle est aussi son
« cher cygne de Boulogne » et quand il lui écrit du front
« vous êtes merveilleuse de naissance comme d'autres
sont laides et méchantes », il est profondément sincère. Il

1. *Valentine Hugo*, Anne de Margerie.

lui déclare encore : « Vous êtes mon ange qui GARDE et qui STIMULE. Je marche ahuri dans une planète iconoclaste où rien sinon vous me parle de bâtir — on abîme — on brise — on gaspille — on cultive la bille et la mort. »

Le 5 juin 1916, lors d'une permission à Boulogne où Valentine accomplit une courte visite, il écrit à sa mère :

> « Profite Boulogne pour finir *Art Poétique*, premier chant du *Cap de Bonne-Espérance* que je traînais après moi sans pouvoir travailler. Ce matin, un groom surgi de la cheminée apporte blocs, encre et plumes Gross. Cette amie discrète et fidèle ne manque aucune occasion de prouver son cœur et son intelligence. J'espère la voir aujourd'hui et me promener dans Boulogne [1]. »

C'est Valentine qui a présenté Erik Satie à Jean Cocteau et c'est donc autour d'elle que naît et mûrit le projet de *Parade*. De même que Misia, Valentine participe au fameux échange de correspondance évoqué dans le chapitre précédent... mais malgré le délire paranoïaque du quatuor (Cocteau, Satie, Misia, Valentine), le spectacle se monte et, à son propos, Cocteau écrira dans *Le Foyer des artistes* :

> « Des personnages recouverts de carcasses construites et peintes représentaient les managers. Devant une estrade de foire, dans un décor qui reste le chef-d'œuvre théâtral de Picasso, ils donnent du relief à des personnages vrais : un illusionniste chinois, des acrobates de cirque, une petite fille américaine. Je tombais en pleine étoile décorative du geste. Mon rôle fut d'inventer des gestes réalistes, de les souligner, de les ordonner et grâce à la science de Léonide Massine, de les hausser

---

1. *Lettres à sa mère.*

jusqu'au style de la danse. Un cheval de Fantomas (surnommé, d'après Baudelaire, par Proust "grand cygne
aux gestes fous") circulait à travers l'intrigue.

On connaît le scandale de 1917. Il fut incroyable;
aussi incroyable que le triomphe de 1920. Un fleuve de
sang a coulé entre cette œuvre et notre époque. Il
n'empêche que *Parade* demeure l'exemple du ballet pur
et dur. »

Et lorsqu'on demandait à Diaghilev pourquoi il ne
le montait pas davantage, il répondait : « C'est ma meilleure bouteille. Je n'aime pas remuer mon vin. »

Avec ce ballet, Cocteau s'engouffre dans une
modernité à laquelle Valentine a l'intention d'offrir ses
talents.

Avant son ami, elle découvre les charmes du Palais-
Royal et s'installe 28, rue Montpensier. Mais la fin de
son célibat s'annonce. Chez Cypa Godebski (le frère de
Misia), elle rencontre l'arrière-petit-fils de Victor Hugo :
Jean.

Dans *Le Regard de la mémoire*, il écrit :

« Un dimanche soir du mois de mai 1917, au cours
d'une permission j'étais retourné rue d'Athènes. Sur le
canapé de cuir de la salle à manger, sous le portrait du
sculpteur Godebski, père de Cypa, était assise une jeune
femme au long cou, vêtue de taffetas noir et de piqué
blanc. C'était Valentine Gross. Je connaissais ses peintures des Ballets Russes mais je ne l'avais jamais vue. »

D'autres entrevues ont lieu au cours de nouvelles
permissions militaires et, bientôt, Jean Hugo rend visite
à Valentine.

« Les murs de la salle à manger où elle nous recevait
étaient couverts d'un papier goudronné qui luisait
comme du charbon derrière son léger treillage de ficelle.
Autour de la table peinte en rouge, les sièges de rotin
avaient des coussins étoilés ou rayés, taillés dans un dra-

peau américain. Des rubans de bonnets de matelots pendaient aux murs évoquant des personnages de la fable — sous-marin ATALANTE — sous-marin DAPHNE — sous-marin AMAZONE. Dans une grande boîte à papillons, le portrait de Cocteau par Thévenaz vous dévisageait [1]. »

Marcel Proust, Louis Gautier Vignal, Léon-Paul Fargue ou Paul Morand (qui habite l'immeuble voisin) sont des habitués du lieu. On y évoque la foire de Montmartre et le Bal Tabarin où l'on danse le french cancan. Auric est présent, encore en uniforme. C'est dans ce cadre que Cocteau fera sa première lecture du *Cap de Bonne-Espérance*.

Jean Hugo nous révèle : « Depuis *Parade*, Valentine croyait à l'étoile de Jean Cocteau. »

Elle apprécie aussi les liens que celui-ci tisse avec les artistes qui hantent Montparnasse. Au Dôme ou à la Rotonde, Picasso, Apollinaire, Modigliani et Lhote discutent avec les Russes qui, fuyant la révolution et leur pays, se sont installés à Paris. Kisling, Chagall, Soutine, Zadkine... ces noms sont maintenant célèbres mais, à l'époque, il n'y avait qu'un Cocteau pour flairer leur puissance de création.

Possédant le sens de la musique et jouant du piano sans l'avoir véritablement étudié, il parraine le Groupe des Six, composé de musiciens aux personnalités et aux genres des plus variés tels Honegger, Poulenc, Durieux, Milhaud, Auric et une femme, Germaine Tailleferre.

« J'étais leur historiographe, mais je ne leur donnais aucune directive et ne recevais d'eux aucune directive. C'était un groupe d'amis, ce n'était pas un groupe esthétique. Nous étions liés par l'amitié, et puis il y avait une autre espèce de lien entre nous qui était d'être contre la

---

1. *Le Regard de la mémoire*. Actes Sud, 1983.

musique impressionniste, d'être tout d'un coup contre Stravinski que nous adorions [1]. »

Alors que le dadaïsme et le cubisme s'installent, Valentine épouse Jean Hugo mais, cette fois-ci, elle n'éprouve pas la sensation de se renier ou de renier ceux qu'elle aime. Non seulement Jean Hugo possède un nom prestigieux mais il est lui-même un peintre de talent.

« Dans la matinée du 7 août 1918 fut célébré mon mariage avec Valentine Gross à la mairie gothique du 1er arrondissement de Paris. Satie et Cocteau furent ses témoins, racontera-t-il. Les miens, choisis par ma grand-mère, furent Albert Thomas et André Mater. Je portais une tenue militaire. La salle était vide. Le vieux maire nous souhaita des enfants. Nous n'y songions pas. »

La vie du couple se déroule entre la rue Mont-pensier où chaque samedi ils reçoivent leurs proches et, près de Lunel, dans le mas familial de Fourques où Jean a connu une enfance préservée. La guerre terminée, le mot d'ordre est à l'amusement. On se retrouve au Thé Butterfly, au cirque Medrano. Les fêtes s'enchaînent dont celle du prince Firouz de Perse.

Jean Hugo se souvient :

« Nous gagnâmes Robinson en une caravane d'auto-mobiles que guidaient aux carrefours des porteurs de torchères électriques. René nous accueillit sur le perron. Autour de Stravinski, de Picasso et de sa femme, de Diaghilev et de Massine, se trouvaient réunis Misia et Sert, la princesse Murat décrite dans *Le Bal* sous le nom de princesse d'Austerlitz, Lucien Daudet, Jean Cocteau, Auric, Poulenc, d'autres que j'oublie et Radiguet qui immortalisa la soirée. Le prince Firouz — Mirza dans le roman — était un hôte magnifique. On but beaucoup de champagne. Stravinski s'enivra, monta dans les cham-

---

1. Entretiens avec Roger Stéphane.

bres, y prit les oreillers, les traversins et les matelas et les
précipita par-dessus les balcons de la salle. On se battit à
coups de literie et la fête finit à trois heures du matin [1]. »
Par l'intermédiaire de Cocteau, Raymond Radiguet
est alors entré dans le cénacle. Il a quatorze ans quand il
fait la connaissance, chez Max Jacob, du prince des
poètes qui très vite prend conscience de son génie précoce.

« Raymond Radiguet habitait le Parc Saint-Maur et,
quand il était trop tard pour qu'il rentre la nuit, qu'il traverse le bois — il avait d'ailleurs très peur des rugisse-
ments des lions du Zoo — il couchait soit chez Gris, soit
chez Max Jacob, mais sur la table parce qu'il n'y avait
pas de place [2]. »
Le nouveau venu devient pour tous Monsieur Bébé
et, même s'il affirme qu'il faut lutter contre l'avant-
garde, son avis compte plus qu'aucun autre. Il pense
qu'on doit mettre son chevalet devant un chef-d'œuvre
et le copier sans que cela lui ressemble. Lui même le fera
en s'inspirant de *La Princesse de Clèves* pour écrire *Le Bal
du comte d'Orgel*, et Cocteau l'écoutera en prenant
exemple sur *La Chartreuse de Parme* pour rédiger *Thomas
l'Imposteur*. Entre eux s'installe, en effet, une intense
émulation littéraire. Cocteau croit tellement en la valeur
du garçon qu'il oublie ses propres œuvres pour vanter
celles du débutant. Il va même l'enfermer, à Carquei-
ranne, au Lavandou, afin qu'il écrive dans le calme ses
romans. Mais la jalousie n'a-t-elle pas aussi sa part dans
cette démarche? Il aime Radiguet, il l'aime plus que ne
peut le lui rendre un adolescent que les femmes ne
laissent pas indifférent. Et cette situation se répétera à

---

1. *Le Regard de la mémoire, op. cit.*
2. Entretiens avec Roger Stéphane.

plusieurs reprises dans l'existence de Cocteau car ses choix affectifs le guident vers des hommes qui souvent sont bi-sexuels. En chacun, il retrouvera l'élève Dargelos, en chacun, il recherchera l'apparence physique qu'il juge lui faire défaut. Hommes à la beauté insolente, à l'éternelle jeunesse, hommes de fuite et pourtant de tendresse, le cortège des « fils » commence en ces années vingt.

Mais si l'on se place du côté de son protégé... Cette nouvelle existence a-t-elle été bénéfique à Radiguet? Oui et non... Être projeté au devant de la scène, dans un milieu dont il n'a pas l'habitude, se révélera vite dangereux. Même si sa maturité est incontestable, il lui manque un certain recul pour affronter une gloire trop rapide et des tentations que rendent accessibles des moyens financiers jusqu'alors inconnus. Dans les bars et dans l'alcool, il va brûler sa vie. Pressent-il sa mort prochaine pour passer avec autant de rapidité de l'enfance à l'âge adulte? En trois ans, il découvre cependant un monde qui, nourrissant son imaginaire, lui permet d'écrire deux chefs-d'œuvre; *Le Diable au corps* et *Le Bal du comte d'Orgel*, ce dernier inspiré par le comte et la comtesse de Beaumont qui pratiquent à la perfection l'art du mécénat.

Leur hôtel particulier, rue Duroc, se prête à de nombreuses fêtes. C'est dans leur magnifique jardin que retentissent pour la première fois, à Paris, les échos d'une musique de jazz. C'est encore chez eux que se déroulent des bals devenus légendaires : bal des Rois et des Reines, bal des Continents, mais surtout le bal des Jeux que Jean Hugo n'oubliera pas :

« Valentine se décida pour le manège de la foire. Autour d'une jupe en forme d'abat-jour elle accrocha les silhouettes en carton découpé d'un cheval, d'une vache, d'un traîneau, d'un vélocipède, d'un cochon et d'une sirène; un corsage en velours rouge à franges d'or s'ouvrait sur un moule à pâtisserie qui figurait l'orgue; un chapeau chinois orné de boules de verre couronnait l'édifice. Le costume fut prêt à la dernière minute et le bal battait son plein quand Valentine fit son entrée, escortée par Radiguet en tir forain, par Jean Godebski en château de cartes et par moi en jeu de billard. Nous avions manqué l'apparition de la princesse Souzo en arbre de Noël; mais nous pûmes voir les entrées du jeu d'échecs, des dominos, de la corrida, du colin-maillard, du guignol et d'autres encore [1]... »

On se rencontre aussi rue Duphot au Bar Gaya qui, face à son succès grandissant, déménage en 1921 rue Boissy-d'Anglas et prend le nom de Bœuf sur le Toit.

« Le Bœuf sur le Toit devint avec une vitesse étonnante et qui ne se voit qu'à Paris, le rendez-vous des jeunes artistes, des poètes, des musiciens, des peintres, des éditeurs, des marchands de tableaux.

Rue Boissy-d'Anglas, dans un cadre très simple et qui contrastait avec les violentes couleurs de la mode, s'entassaient les artistes et ceux qui venaient voir les artistes et des femmes célèbres qui, le jour, vivent aussi loin les unes des autres que des étoiles et qui, le soir, s'allumaient ensemble dans ce ciel beige et noir [2]. »

Moysès, le propriétaire, demande à ses clients préférés d'écrire sur un mur de la nouvelle salle ce qui leur traverse l'esprit. Valentine trace au pinceau : « Mon cœur bat » et Cocteau choisit « Couronne de Mélancolie ».

Tous les soirs, Wiener et Doucet y jouent du piano et Cocteau n'hésite pas à s'asseoir parfois derrière la batterie afin de les accompagner. Existe-t-il dans la capitale

---

1. *Le Regard de la mémoire, op. cit.*
2. Texte pour la radio, 1937.

un autre lieu où se pressent autant de gens célèbres : Radiguet qui ne quitte plus son monocle, Picasso et sa femme Olga, les Sert, les Beaumont, les Noailles, Derain, Yvonne Printemps, Marcel Jouhandeau parlant à celle qu'il n'a pas encore épousée, l'excentrique Caryathis. En écoutant *Dardanella* ou *Ain't she sweet*, ils boivent martinis secs et roses.

Pour exorciser la guerre qui fut une boucherie, la France est entrée dans ses années folles. On dépense et on s'amuse sans pourtant cesser de réfléchir aux créations qui feront de ce début de XXe siècle l'une des époques les plus étonnantes en innovations artistiques. Plus que nul autre, Cocteau croit à l'émulation et à la réunion des talents. L'échange des idées et les disputes, même violentes, vont donner à une ou plusieurs décennies un mouvement digne de les représenter, voire de les immortaliser.

Si l'éloignement est parfois nécessaire pour se concentrer davantage sur le travail à venir, il n'est pas rare que l'on se rende en bande sur la Côte d'Azur ou jusqu'au Bassin d'Arcachon. Les Hugo accompagnent Cocteau et Radiguet au Lavandou.

« Notre temps se passait sur la plage. Hâlé, maigre comme un fakir, drapé dans un peignoir blanc, le poète foulait le sable à pas lents, y laissant l'empreinte de ses pieds nus, dont le doigt du milieu, comme celui d'une main, dépassait tous les autres. Nous demeurions longtemps assis ou étendus sur le rivage où venaient mourir les vagues paresseuses. Une brise parfois troublait le silence en agitant les cannes au bord du ruisseau ou en faisant frissonner l'eau de la baie. Nos propos avaient plus de sérieux qu'aux dîners du samedi. Loin du bruit de la ville, Jean Cocteau laissait mieux paraître ce qu'il avait de grave et de profond. Radiguet, pensif, sentait éclore en lui son second roman. Il lisait *Julia de Tricœur*, un livre d'Octave Feuillet qu'il tenait pour un chef-d'œuvre [1]. »

Valentine et Jean Hugo ont quitté le Palais-Royal pour s'installer dans un appartement proche des Champs-Élysées, 11, rue Chateaubriand... Quatre petites pièces ouvrant sur une terrasse d'où l'on aperçoit les Thermes urbains et les écuries de l'hôtel Potocki.

C'est dans cet endroit serein que vont se dérouler autour d'un guéridon des séances de spiritisme auxquelles participent Cocteau, Radiguet, Auric et les Hugo. Le langage convenu est un coup pour la lettre A, deux coups pour la lettre B etc... En parlant de Radiguet, l'esprit déclare par l'intermédiaire du guéridon : « Le malaise grandira avec le génie ». Puis il dit : « Je veux sa jeunesse » et, lors d'une nouvelle séance, affirme : « Je suis la mort ».

Impressionnés et mal à l'aise, les amis vont d'un commun accord abandonner leurs communications avec l'au-delà. Pour chacun les projets abondent... aussi, à la recherche du calme, s'éloignent-ils à nouveau de Paris et s'installent-ils au Piquey dont Cocteau cultive le souvenir.

Ce sont des vacances heureuses et studieuses. D'Arcachon, Auric fait apporter sur une pinasse un piano. Quand il n'en joue pas, il s'installe sur la terrasse de l'hôtel Chantecler et tape à la machine le texte que lui dicte Raymond Radiguet. Pendant ce temps, Cocteau rédige une brochure sur Picasso et Valentine tricote.

Après avoir navigué autour de l'île aux Oiseaux ou bien bruni le long des dunes, ils se retrouvent, le soir,

---

1. *Le Regard de la mémoire, op. cit.*

autour d'un succulent dîner composé de la marée du jour.

Pas un instant, au cours de cette halte bénéfique, les Hugo pressentent qu'ils ne verront plus Radiguet.

La nouvelle les atteint à Montpellier alors que Valentine se relève à peine d'une petite intervention chirurgicale.

« Pauvre petit Radiguet mort cette nuit », leur a écrit Darius Milhaud.

« J'étais anéanti, avouera Jean Hugo. Je voulus aller m'agenouiller dans une église. Je ne savais pas prier mais j'avais ce désir de me mettre à genoux. J'allais à la cathédrale [1]. »

Radiguet, qui continuait les excès, est mort à Paris. Le médecin, appelé à son chevet dans un hôtel de la rue de Tournon, n'a pas décelé les symptômes de la fièvre thyphoïde. L'état du malade s'aggravant, on le transporte dans une clinique de la rue Piccini dont Gabrielle Chanel paie les frais. Avec Misia, elle ne quitte pas le malheureux qui murmure : « J'ai peur ». Il a vingt ans et lui qui disait : « De toutes les saisons, le printemps s'il est la plus seyante est la plus difficile à porter », ne sut, hélas! en porter aucune autre.

Terrassé par le chagrin, Jean Cocteau demeure enfermé chez lui pendant l'agonie de son protégé. Il ne peut non plus assister aux obsèques. Son existence bascule. Plus rien ne ressemble à « avant ». En fumant l'opium, il tente d'anesthésier son dégoût pour une vie qui n'a plus de sens. Mais s'il affirme avoir découvert la drogue seulement à ce moment-là, personne n'est dupe de cette déclaration.

---

1. *Le Regard de la mémoire, op. cit.*

Il est persuadé que l'opium est un équilibrant pour les nerfs aussi fume-t-il de plus en plus, alors qu'il a rejoint, à Monte-Carlo, Diaghilev, Auric et Poulenc qui répètent *Les Fâcheux* et *Les Biches*.

Dans *Opium*, il déclarera : « Ma nature a besoin de sérénité. Une mauvaise force me pousse aux scandales comme le somnambule sur le toit. La sérénité de la drogue m'abritait contre cette force qui m'oblige à m'asseoir sur la sellette, alors que la simple lecture d'un journal me détruit. »

Depuis 1920, il a mis le mot fin à de nombreuses œuvres. *Le Bœuf sur le toit, Les Mariés de la tour Eiffel* qui ont déclenché une nouvelle fois la colère du public, *Le Secret professionnel, Œdipe Roi, Antigone, Le Grand Écart, Thomas L'Imposteur* et *Plain-Chant*; mais, maintenant, c'est à peine s'il se sent la force de réfléchir au livret du *Train Bleu*, une opérette dont Diaghilev a commandé la musique à Darius Milhaud. Radiguet disparu, il ne porte plus aucun intérêt à son travail. L'idée de se supprimer ne lui est pas étrangère. Ce sera sa rencontre avec le philosophe thomiste, Jacques Maritain, qui le sortira de sa prostration. A cette époque, Valentine Hugo commence à se détacher de son ami Cocteau que détestent les surréalistes, en particulier André Breton qui lui voue une haine et un mépris féroces. Les Hugo habitent maintenant à Passy, avenue de Lamballe. Cocteau, qui ne leur rend plus que de rares visites, fait pourtant chez eux une lecture de sa pièce *Orphée*. Valentine s'en désintéresse, même si son mari doit en créer le décor. Elle n'assiste pas à la répétition générale et, lorsque, plus tard, Cocteau lui donnera deux vases qu'a rapportés de Perse son oncle diplomate, elle se hâtera de les vendre.

Dix années d'amitié et d'entente artistique se terminent là... Paul Éluard est devenu le confident de Valentine et André Breton sera beaucoup plus encore puisqu'elle en tombera éperdument amoureuse.

Dans son livre, *Révolutionnaires sans révolutions*, André Thirion raconte les années 1930-1932; les Hugo se sont alors séparés.

« Valentine Hugo venait d'entrer dans la vie d'André Breton par la petite porte. Cette femme adorable, intelligente, d'une inépuisable douceur aimait passionnément l'auteur des *Vases Communicants*. En revanche celui-ci ne lui accordait que la sympathie émue, un peu agacée, de l'homme qui pense à quelqu'un d'autre et qui sait, lui, que celle qui est à ses côtés a perdu d'avance. »

Parce qu'il le lui demande, elle vend son piano et sa bibliothèque musicale. Comme on est loin de sa révolte contre Charles Stern qui voulait l'épouser, comme on est loin de son hymne à la liberté... Qu'aurait pensé Érik Satie, mort en 1924, d'un tel reniement?

En 1932, les Hugo, tout en restant en bons termes, divorcent. Valentine habite d'abord rue Vignon puis emménage avec sa mère rue de Sontay, près de la place qui, dans le XVIᵉ arrondissement, porte son nom.

Par l'intensité de son travail, elle cherche à compenser sa difficile relation sentimentale avec Breton, voire sa déception. Mais, dorénavant, toute son œuvre sera marquée par le surréalisme.

On remarquera son *Objet à fonctionnement symbolique* puis *La Chouette* qui illustre une phrase de son amant : « La vérité apparaîtra sous la forme d'un hareng ». Il y aura encore *Les Surréalistes* où, sur une grande toile, figurent les profils d'André Breton, René Char, Paul Éluard, René Crevel et Tristan Tzara. Valentine attache une grande importance à ses rêves, à leur signification.

Une attitude qui ressemble à celle de Cocteau dont on lira dans *La Difficulté d'être* : « Mes rêves sont toujours des charges si graves et si précises de mes actes qu'ils pourraient me servir de leçons. »

Et dans *Le Passé défini* : « Mes rêves sont si compliqués, si réels, si proches de ma vie réelle qu'ils inventent dans le moindre détail que j'aurais dû en tenir un journal sans même signaler que ce fussent des rêves. »

Malgré leur éloignement, il leur reste certains amis communs et, parmi ceux-ci, Charles et Marie-Laure de Noailles qui porteront secours à Valentine quand l'état de ses finances laissera à désirer car, malgré les illustrations de livres prestigieux, malgré les gravures... les dettes s'accumulent.

A partir de 1950, Valentine, qui a toujours prêté, va cruellement manquer d'argent. Son adresse est connue des huissiers et, pourtant, elle ne veut pas quitter ses trois cents mètres carrés. Alors, peu à peu, elle se dépouille de meubles, d'objets et de souvenirs, allant même jusqu'à vendre l'album de voyage de Victor Hugo. « La misère dorée dans laquelle je vivais alors était telle cette année là... Je n'en pouvais plus. »

Paul Éluard et Nunch, sa première femme, sont morts. La solitude est là, terrible... au milieu des multiples plantes qu'elle aime à faire pousser autour d'elle. Éluard s'étant, avant son décès, réconcilié avec Cocteau, Valentine renoue avec l'ami de jeunesse. Quand elle lui fait part de ses soucis, il répond, en octobre 1952 du Cap-Ferrat où il séjourne chez Francine Weisweiller :

« Ma Valentine, ta lettre est à ta ressemblance, toute noblesse et pourtant toute tristesse. Il ne nous reste qu'à projeter des ondes nobles pour vaincre des ondes ignobles. Si j'étais riche, je t'enverrais la somme — mais puisque nous parlons cœur à cœur, sache après quarante ans de travail et de lutte que sans Francine W, qui est un ange, je ne pourrais même pas prendre des mois de vacances. Fisc et escrocs m'ont ruiné. Grâce à cette ruine, j'ai trouvé le calme. C'est la méthode de la nature. Une chute propulse d'autres forces invisibles et mystérieuses [1]. »

A travers les mondanités, les malentendus, les brouilles, les divergences d'idées et une incessante création de part et d'autre, la boucle est bouclée. Jean Cocteau n'abandonnera pas Valentine. Il lui présentera des relations susceptibles de lui commander leurs portraits et il enverra un tableau pour « L'Hommage à Valentine Hugo de ses amis peintres, sculpteurs et compositeurs ». Le produit de la vente permettra à celle dont la générosité ne fut jamais prise en défaut de subsister en toute tranquillité jusqu'à la fin de ses jours.

En mars 1968, meurt une femme qui, même si elle n'a pas atteint la célébrité à laquelle elle aspirait, a marqué par sa modernité, son originalité, son intelligence et même ses foucades ou ses erreurs, la première moitié du XXe siècle.

---

1. *Valentine Hugo*, Anne de Margerie.

Coco Chanel

1882-1971

Comme Colette, Gabrielle Chanel est d'origine terrienne. Née à Saumur, elle est cependant, par ses antécédents, auvergnate. Sa mère meurt de phtisie lorsqu'elle a dix ans. Elle est alors envoyée dans un orphelinat et son éducation repose entre les mains de deux tantes puritaines et sévères qui habitent près du Mont-Dore.

« Quand j'étais enfant, je cherchais l'amour, je ne l'ai pas eu. Plus tard, sans doute, j'ai trouvé plus d'amour que je n'en désirais. J'ai eu une enfance horrible. Mes tantes me forçaient à travailler jusqu'à cinq heures de l'après-midi à préparer mon trousseau. Finalement, j'ai réussi à leur échapper et à venir à Paris avec, dans mes bagages, une seule robe [1]. »

Elle a tout juste seize ans lorsqu'elle s'enfuit avec un homme rencontré à Moulins, Étienne Balsan. Obéissant à sa supplique, il l'enlève puis l'installe chez lui, à Royal-

_____

1. *Les Princes des années folles*, Plon.

lieu, dans la forêt de Compiègne où, malgré les attentions dont il l'entoure, elle ne tarde pas à s'ennuyer. Doté d'une solide fortune, Étienne Balsan ne vit que pour les chevaux dont de très beaux spécimens ont fait la réputation de son haras. Malgré la reconnaissance que Gabrielle voue à son sauveur, elle a vite d'autres aspirations que celle de séjourner longtemps en sa compagnie.

Sa rencontre avec Arthur Capel, un ami d'Étienne Balsan, constitue pour Gabrielle une seconde naissance. Ce séduisant Anglais, que ses proches ont pris l'habitude de surnommer « Boy », possède des mines de charbon en Grande-Bretagne et, quand il ne traite pas ses affaires à travers le monde, il joue au polo ou lit des livres de théosophie. Amoureuse dès le premier regard échangé, Gabrielle quitte Étienne et s'installe à Paris avec son nouvel amant. Intelligente et vive, elle apprend auprès de cet homme jeune et cultivé les règles du savoir-vivre et de l'élégance. Néanmoins, face au luxe dans lequel elle évolue, elle garde la tête froide et mûrit le projet de bientôt ne plus dépendre d'un portefeuille masculin. La liberté, ce mot cher à Valentine Hugo, l'est tout autant à Gabrielle Chanel et, sa vie durant, elle le prouvera. Grâce à la confiance que Boy lui accorde, la jeune femme rejoint son destin puisque, après avoir débuté comme modiste, elle loue un appartement, 21, rue Cambon. Mais créer des chapeaux ne lui suffisant plus, elle ouvrira un peu plus tard une boutique à Deauville où se presseront les femmes qu'elle a décidé d'habiller.

En maître incontestable, Poiret règne alors sur la mode ; toutefois Gabrielle, qui pressent une évolution rapide de la société, a l'intention de prendre une part active à ce changement. Son premier geste de couturière est d'imposer les tweeds, les jerseys qui vont remplacer

les mousselines, frous-frous et autres ornements auxquels elle déclare la guerre. Une guerre qui accompagne
la vraie, celle de 1914-1918 durant laquelle, les hommes
au front, la position de la femme bouge puisqu'elle est
amenée à accomplir des tâches qui jusque-là
incombaient aux absents.

C'est à cette époque que Gabrielle Chanel fait la
connaissance de Misia qui, fascinée et conquise, vantera
« sa grâce infinie », « sa spontanéité » et n'aura de cesse
d'ouvrir les portes du grand monde à sa nouvelle protégée. A ce moment-là, les couturiers, tenus pour des four-
nisseurs, n'étaient pas reçus chez leurs clientes. Sans tarder, Misia remédie à cette situation en emmenant, à
Venise, Gabrielle. Elle y offre en son honneur un souper
auquel elle a convié les familles les plus titrées. Puis, de
retour à Paris, elle l'introduit auprès de Diaghilev et
Gabrielle, qui ne répond plus qu'au surnom de Coco,
saisit la chance qu'on lui tend de vaincre la méfiance des
artistes. Comment s'y prend-elle? En écoutant avec
attention leur discours et en finançant leurs projets... car
elle gagne beaucoup d'argent et elle en gagnera de plus
en plus.

Il va d'abord y avoir *Parade*. Satie, Picasso, Cocteau
se laissent à leur tour apprivoiser par cette femme petite,
mince, aux cheveux noir de jais, à la peau brune, et à la
silhouette androgyne. Elle entre dans leur cercle, mais
leur compagnie ne l'empêche pas d'être une infatigable
travailleuse. Où puise-t-elle l'énergie qui la tient rivée à
sa tâche? Sans doute dans la certitude qu'un jour son
nom sera connu de tous... car rien ne semble, en effet,
lui être interdit... ni la notoriété, encore moins le bonheur partagé.

Boy Capel est là pour l'aimer et l'encourager à

étendre son influence. Le conflit avec l'Allemagne a cessé et les femmes ont soif de nouveauté, de légèreté. Coco les exhorte à envoyer aux orties leurs corsets, à raccourcir leurs jupes et à porter des rangs de perles à même leurs chandails. Et, comble du scandale! elle coupe ses cheveux, un geste qu'elles imitent les unes après les autres. La garçonne est née. Détestant les couleurs pastel ou criardes, elle impose en toute circonstance le blanc ou le noir. Les matières sont simples, les formes épurées. Quant aux vrais bijoux, elle les mélange avec des faux. De multiples rangs de perles de culture se fondent avec des chaînes en or et des pierres dures. Il suffit qu'elle arbore un vêtement ou un accessoire pour que celui-ci soit adopté par celles qui guettent ses moindres faits et gestes. En un temps record, Coco est devenue une référence, voire une institution. Contrairement à Poiret qu'elle a décidé de détrôner, elle ne cherche pas la publicité en offrant des bals fastueux. Elle se contente d'être elle-même, c'est-à-dire mystérieuse. Qui peut se vanter de la connaître hormis Boy Capel? Misia? Leur relation est et restera ambiguë, faite d'admiration, de jalousie, d'agacement et néanmoins de fidélité. Si Misia souhaite diriger l'existence de Coco, celle-ci ne cesse de lui échapper car, très vite, elle a compris que la Polonaise est un vampire.

« Il y a tout dans la femme et il y a toutes les femmes dans Misia. Elle n'a pas de vie propre, elle vit des autres. C'est un parasite du cœur [1] », confiera-t-elle à Paul Morand.

Elle ajoutera : « Misia est une infirme du cœur; elle louche en amitié et elle boite en amour. »

---

1. *L'Allure de Chanel*. Hermann, 1976.

Et encore : « Misia croit sincèrement qu'elle m'aime; c'est du dépit amoureux; me voir la rend malade mais elle crève de ne pas me voir. Mes amitiés la rendent folle et cette démence donne à sa vie une saveur irremplaçable. Quand elle me brouille avec Picasso, elle dit : je t'ai sauvée de lui. »

Cependant, après la mort dans un accident de voiture de Boy Capel, Misia est là pour tenter d'adoucir la douleur de Coco qui est immense. Comment continuer de respirer, privée de l'homme qu'elle aimait, respectait, de celui qui, plus que nul autre, lui a insufflé la force de mener à bien sa mission : donner à la femme du XXᵉ siècle une allure conforme à une époque de vitesse, de compétition, d'échanges entre les pays étrangers.

Après un voyage en Italie, en compagnie des Sert, elle reprend son travail et cette attitude la sauve du désespoir. Elle aura aussi une liaison avec le poète Pierre Reverdy.

En 1922, Cocteau l'appelle pour lui confier les costumes de sa pièce *Antigone*. A la presse, il déclare que les filles d'Œdipe devant être bien habillées, il a demandé l'aide de la plus grande couturière de son temps.

Pour Picasso, qui doit exécuter le décor, elle trouve le tissu bleu-violet sur lequel il peint ses colonnes. Quant aux costumes, Coco donne libre cours à son goût pour la simplicité, aussi les drapés chers à l'antiquité sont-ils remplacés par des tweeds et des lainages écossais.

Une collaboration heureuse a donc commencé entre Jean Cocteau et « Le Cygne Noir » comme il aime à appeler son amie. Et comment en serait-il autrement alors qu'ils partagent des visions souvent similaires. Il n'y a qu'à confronter leurs idées sur la mode.

Pour Coco :

« Il faut parler de la mode avec enthousiasme mais sans démence — et surtout sans poésie, sans littérature. Une robe n'est ni une tragédie, ni un tableau; c'est une charmante et éphémère création, non pas une œuvre d'art éternelle. La mode doit mourir et mourir vite afin que le commerce puisse vivre [1]. »

Pour Jean : « Ce qui m'émeut dans la mode et la rend digne de l'intérêt des poètes, c'est qu'elle doit mourir jeune. »

Coco, à nouveau :

« La mode est dans l'air, c'est le vent qui l'apporte, on la pressent, on la respire, elle est au ciel et sur le macadam, elle est partout, elle tient aux idées, aux mœurs, aux événements [2]. »

Et Jean de renchérir : « La mode est soumise à ces forces qui nous échappent et qui dépassent son apparence frivole. »

Si Chanel a décidé de dépoussiérer le passé, Cocteau n'est pas en reste. Avec *Antigone*, tragédie en un acte d'après Sophocle, il décide de remettre les mythes de l'Antiquité au goût du jour mais après leur avoir « retendu la peau ».

« C'est tentant de photographier la Grèce en aéroplane. On lui découvre un aspect tout neuf.

Alors j'ai voulu traduire *Antigone*. A vol d'oiseau, de grandes beautés disparaissent, d'autres surgissent; il se forme des rapprochements, des blocs, des ombres, des angles, des reliefs inattendus.

Peut-être mon expérience est-elle un moyen de faire vivre les vieux chefs-d'œuvre. A force d'y habiter nous les contemplons distraitement, mais parce que je survole

---

1. *L'Allure de Chanel, op. cit.*
2. *Idem.*

un texte célèbre, chacun croit l'entendre pour la première fois. »

C'est le début du cycle dont feront partie *Orphée* et *La Machine infernale*.

Pour *Orphée*, Coco Chanel sera de nouveau consultée. La première représentation a lieu, le 17 juin 1926, au Théâtre de Paris. Dans un décor de Jean Hugo, Sacha et Ludmilla Pitoëff jouent les rôles d'Orphée et d'Eurydice. Ils sont habillés en tenues de campagne simples et contemporaines. Heurtebise, qui est depuis peu entré dans la mythologie personnelle de l'auteur, porte un bleu de travail et ne se sépare jamais de son appareil de vitrier porté sur son dos. La Mort est incarnée par une jeune femme en robe de bal rose vif et en manteau de fourrure. De grands yeux bleus sont peints sur un loup. Par moment, elle revêt une blouse d'infirmière. Quant à ses aides, ils arborent l'uniforme, les gants de caoutchouc et les masques propres aux chirurgiens.

Cocteau écrit *Orphée* lorsqu'il commence à remonter de l'abîme où l'a plongé la disparition de Radiguet. Si l'œuvre témoigne d'une remise en question, elle prouve aussi que pour le poète il n'existe pas de frontière entre les mondes visibles et invisibles.

Et qui est ce fameux Heurtebise? Sinon l'ange qui sera le noyau des poèmes de Cocteau mais qui, dans la pièce, prend les traits « d'un jeune suicidé quelconque au service d'une des innombrables Figures de la Mort». Mais comment est-il né?

« L'ange ne se souciait guère de ma révolte. Je n'étais que son véhicule, et il me traitait en véhicule. Il préparait sa sortie. Mes crises accélérèrent leur cadence et devinrent une seule crise comparable aux approches de l'enfantement. Mais un enfantement monstrueux, qui ne bénéficierait pas de l'instinct maternel et de la confiance qui en résulte. Imaginez une parthénogenèse, un couple formé d'un seul corps et qui accouche. Enfin après une nuit où je pensais au suicide, l'expulsion eut lieu rue d'Anjou. Elle dura sept jours où le sans-gêne du personnage dépassait toutes les bornes, car il me forçait d'écrire à contrecœur. »

Et pourquoi l'a-t-il baptisé Heurtebise ?

« Oh ! C'est très simple comme toujours : je montais chez Picasso et il y avait une plaque dans l'ascenseur "ascenseur Heurtebise". Ce nom m'a frappé et j'ai appelé l'ange, Ange Heurtebise. »

Cette naissance de l'ange et, avec celle-ci, le retour à la poésie et à l'élaboration d'une œuvre, signifie-t-elle que Cocteau est sorti de son deuil ? Sans nul doute mais il restera dorénavant attaché à l'idée que les frontières n'existent pas entre les vivants et les morts. Existent-elles pour Coco ? Une confidence faite à Paul Morand prouve qu'elle partage les croyances de Cocteau. En évoquant Arthur Capel, elle déclare :

« Il laissa en moi un vide que les années n'ont pas comblé. J'avais l'impression que par l'au-delà, il continuait à me protéger... Un jour, à Paris, je reçus la visite d'un Hindou inconnu.

— J'ai pour vous un message, mademoiselle. Un message de qui vous savez... Cette personne vit dans la joie, dans un monde où rien ne peut plus l'atteindre. Recevez ce message dont je suis porteur, et dont vous comprendrez certainement le sens.

Et l'Hindou me communiqua le message mystérieux ; c'était un secret que personne au monde, sauf Capel et moi, n'eût pu connaître [1]. »

Coco sera liée à d'autres morts, celle de Radiguet

---

1. *L'Allure de Chanel, op. cit.*

puisqu'elle le veillera agonisant et organisera ses
obsèques, celle de Diaghilev où, à Venise, et toujours en
compagnie de Misia, elle lui fermera les yeux. Lorsque
les familiers apeurés par le plus grand des mystères
s'éloignent, elle demeure présente. D'où tient-elle sa
force? Son enfance solitaire et triste en est certainement
la source. La soif de liberté, de conquête et de réussite
ainsi que les amours amputées en sont le prolongement.

Alors qu'elle croit sa vie sentimentale terminée, elle
rencontre le duc de Westminster. Elle a au même
moment une liaison avec le grand duc Dimitri, mais son
choix se porte une nouvelle fois vers un citoyen anglais et
pas n'importe lequel.

« Il est la simplicité faite homme, dira-t-elle de son
nouvel amant, le plus grand timide que j'aie jamais
connu. Il a la timidité des rois, des gens isolés par leur
condition et leur richesse. »

Le duc de Westminster est, en effet, l'un des
hommes les plus importants et les plus fortunés du
royaume britannique. Il possède des châteaux en
Irlande, dans les Carpathes, en Dalmatie, des yachts
dont un contre-torpilleur. Dans le garage d'Eaton Hall,
on peut compter dix sept Rolls-Royce. Et cela ne représente qu'une infime partie de ce qui lui appartient.

Pourquoi Westminster se plaisait-il autant en sa
compagnie, se demandera Coco. Certainement parce
qu'elle n'a jamais tenté de le circonvenir mais plus
encore parce qu'elle ne ressemble à personne. Farouche-
ment indépendante, elle se suffit à elle-même au sens
figuré comme au sens propre. Ses affaires deviendront
d'autant plus prospères qu'après avoir lancé une eau de
toilette elle créera un parfum qu'elle baptisera « 5 », son
chiffre fétiche. Son intuition ne l'a pas trompée car les

femmes, séduites par cette fragrance, ne songeront plus qu'à en devenir les ambassadrices.

Coco a ouvert maintenant sa boutique 31, rue Cambon et elle habite rue du Faubourg-Saint-Honoré, dans un somptueux hôtel particulier. Elle y a installé ses fameux Coromandel. Les sofas et les sièges sont recouverts de velours caramel ou de satin blanc, des matières et des tons dont elle ne se lassera jamais.

Si Westminster est séduit par Coco, les amies de sa maîtresse l'attirent peu. Qu'importe! Elle ne changera rien à ses habitudes et continuera de voir les artistes qui ont bien voulu l'accueillir et qui sont les seuls qu'elle considère comme ses égaux.

Stravinski, qu'elle veut aider à louer, pour un concert, la salle Gaveau, est tombé amoureux d'elle. Mais rien ne pouvant échapper à Misia, celle-ci, dès qu'elle apprend la situation, commence d'intriguer en disant au musicien que Coco ne s'intéresse qu'aux aristocrates.

« Stravinski faillit crever, raconte Coco et elle ajoute : Cette aventure dont je ris aujourd'hui a changé toute la vie d'Igor. D'un homme effacé, timide, elle a fait, contrairement à ce qui aurait dû se passer normalement, un homme dur et monoclé, d'un conquis, un conquérant. »

Cocteau, quant à lui, ne rencontrera pas avant 1926 une âme sœur en la personne de Jean Desbordes.

« Notre véritable rencontre ne date que de Noël 1926. (Jean Desbordes) faisait son service militaire à Paris, au ministère de la Marine. Il portait donc l'uniforme le plus charmant du monde, et il convient d'éviter l'emploi de ce charme puisque notre marin n'a jamais navigué.

Il m'apporta un manuscrit, un paquet dactylographié de cris informes [1]. »

Cette aventure du cœur et du corps remettra en question ses nouvelles convictions religieuses car, après la mort de Radiguet, il avait éprouvé le besoin de se tourner vers Dieu. Bien qu'il eût été baptisé et élevé selon les préceptes catholiques, il s'était éloigné des pratiques de sa religion. Ce sera Jacques Maritain qui jouera les médiateurs dans cette tentative de rapprochement.

Ce laïc converti est, à ce moment-là, âgé de quarante ans et, avec sa femme Raïssa, elle aussi convertie au catholicisme, vit à Meudon. Professeur à l'Institut catholique de Paris, il a publié plusieurs ouvrages dont *Art et Scholastique* et *De la vie d'Oraison*. Cocteau l'a croisé, en 1922, lors d'une représentation d'*Antigone* mais ne le revoit qu'en juillet 1924.

« Pour la première fois Auric nous amène Cocteau, note Raïssa dans son *Journal*. Celui-ci désemparé depuis la mort de Radiguet, désespéré presque, vient à Jacques parce qu'on lui a dit qu'il pouvait retrouver la paix et retrouver Dieu. »

De nombreux entretiens et une correspondance couvrant quarante années témoigneront d'une amitié qui, malgré de très fortes divergences d'opinion, ne s'étiolera pas. Cocteau est, selon ses dires, « au milieu d'une usine de cristal en miettes », quand il remet son âme entre les mains du philosophe.

« Oui, mon cher Jacques, longtemps après, dînant pour la première fois dans votre salle à manger de Meudon, j'ai retrouvé l'odeur de Maisons-Laffitte où je suis né, les mêmes chaises, les mêmes assiettes, que je tournais maladivement pour que les motifs bleus coïncidassent avec le pied du verre. »

---

1. Préface de *J'adore*. Grasset, 1928.

Dans le chaos au milieu duquel évolue Cocteau, Meudon représente un havre de paix... et Raïssa, qui seconde son mari dans ses recherches philosophiques et sa quête religieuse, Raïssa qui accueille et réconforte les brebis égarées, incarne vite la femme parfaite... la première qu'il eût jamais approchée. Celle qui ne castre pas, n'apporte aucun tourment.

Il sera au chevet de cette amie fidèle lorsque celle-ci s'éteindra le 4 novembre 1960 et, après que Maritain lui eut fait parvenir des notes le concernant, il répondra :

« J'ai lentement èt doucement dévoré le journal de Raïssa. Je me demande s'il existe une noblesse comparable à la sienne. A côté d'elle, il me semble que nous pataugeons tous dans la boue.

Et ce que deviennent les souvenirs à travers son âme ! Je suis bouleversé par les passages qui me concernent (et par cette visite de ma mère que je ne connaissais pas). Une longue vague d'eau fraîche m'a passé sur le cœur.

(Noël 1962) »

Cocteau est sincère quand, après s'être confessé puis avoir communié dans la chapelle privée du couple, il entre en religion comme il était entré en poésie. Il va même jusqu'à inciter certains de ses amis comme le jeune Maurice Sachs à se faire baptiser. Plus encore... Sur les conseils de Jacques Maritain, il prend la décision de se désintoxiquer de l'opium à la clinique des Thermes, rue Chateaubriand. En sortant de cette première cure, il aurait souhaité s'exiler de Paris mais chaque fois qu'il en évoque la possibilité, il ajoute qu'il ne peut trop longtemps quitter sa mère.

Depuis combien de temps cohabitent-ils en tête-à-tête ? Trop contente de garder Jean auprès d'elle, Eugénie Cocteau ferme les yeux depuis plus de dix ans sur les jeunes gens qui envahissent l'appartement de la rue d'Anjou.

Dans *Le Bœuf sur le Toit*, Maurice Sachs fait une description précise des lieux :

« Antichambre sombre avec portrait de madame Cocteau par Jacques-Émile Blanche et buste de Cocteau par Lipchitz, dans un pot de cuivre, cannes rapportées d'Angleterre (après, dit la légende locale, qu'on les ait vues en songe dans une boutique anglaise où l'on fut les chercher). A gauche, les appartements de madame Cocteau, face à la porte d'entrée la chambre de son fils : c'est un amoncellement de curiosités familières propres à intriguer le visiteur : collections de pipes en terre, de cubes en cristal, de boules colorées, vases, objets hétéroclites, vieilles photos de Verlaine, de Rimbaud, de Carpentier, des Fratellini, dessins de Picasso, portraits de Cocteau par Irène Lagut, par Marie Laurencin, La Fresnaye, toiles de Chirico, livres ; plâtres des tirs, c'est le magasin d'accessoires gais et légers qui annoncent ce qui sera vraisemblablement la vraie mode de l'époque, les objets de hasard, de drôlerie, les curiosités graves, la frivolité poétique ; Cocteau a fait couper les cheveux à une femme qui en avait de très longs et les a accrochés au plafond de sa chambre. »

C'est dans son antre que le poète reçoit ses visiteurs. Il est généralement vêtu d'un peignoir en éponge et, pendant qu'il discourt, il lui arrive de se raser ou de vaquer à d'autres phases de sa toilette. Sa conversation est toujours étincelante... N'avouera-t-il pas, un jour, qu'il a beaucoup plus de facilité à parler qu'à écrire.

Il continue cependant à noircir des feuilles de papier mais avec moins d'aisance depuis qu'il n'a plus recours à l'opium. Sa vie reste réglée autour des Maritain jusqu'à ce que sa relation avec Jean Desbordes distende des liens qu'il croyait indestructibles. Avec ce nouvel amour, Jean

Cocteau va en effet affirmer haut et clair son homosexualité même si, pour ne pas heurter sa mère, il ne
signe pas le fameux *Livre Blanc* où, dans un mélange
d'autobiographie et de fiction, il dévoile ses véritables
penchants.

Curieusement, dans ce récit, il redonne vie à son
père et se dit orphelin de mère. Est-ce pour ne pas la
mêler à des confidences qui ne peuvent que lui
déplaire... Est-ce pour brouiller les pistes qui condui-
raient à un auteur qu'il n'est cependant pas difficile
d'identifier...

Si *Le Livre Blanc* n'est pas un chef-d'œuvre, il ren-
seigne sur l'affectivité et la sexualité de Cocteau qui
déclare au fil des lignes :

« Le cœur et les sens forment en moi un tel mélange
qu'il me paraît difficile d'engager l'un ou l'autre sans
que le reste suive. C'est ce qui me pousse à franchir les
bornes de l'amitié et me fait craindre un contact som-
maire où je risque de prendre le mal d'amour. »

Et encore :

« L'amour me ravage. Même calme, je tremble que
ce calme ne cesse et cette inquiétude m'empêche d'y
goûter aucune douceur. [...] Attendre est un supplice;
posséder en est un autre par crainte de perdre ce que je
tiens. »

Et lorsqu'il raconte que l'homme auquel il est attaché le délaisse pour des femmes, se souvient-il de Raymond Radiguet ou songe-t-il à Jean Desbordes?

« Il avait de nombreuses amitiés féminines. Elles ne
m'inquiétaient pas outre mesure, car j'avais souvent
observé combien les invertis goûtent la société des
femmes, alors que les hommes à femmes les méprisent
beaucoup et, en dehors de l'usage qu'ils en font, pré-
fèrent le commerce des hommes. »

En Jean Desbordes, il est tenté de voir une prolongation de Raymond Radiguet. A tel point qu'il s'est à nouveau démené pour que le texte de son protégé *J'adore* soit non seulement publié chez Grasset, en 1928, mais salué par la critique.

Maritain, auquel Cocteau essaye depuis un certain temps d'expliquer que l'homosexualité n'est pas un crime et qu'en aimant un être (qu'importe son sexe) on communie en Dieu, ne peut admettre un tel langage. La publication de *J'adore* aiguise le différend... Et *Le Livre Blanc* achève de creuser un fossé entre le philosophe et le poète. La religion et ses exigences étouffent Cocteau. Après avoir fait paraître la fameuse *Lettre à Jacques Maritain*, il renoue avec les habitudes d'antan dont l'opium.

Coco Chanel, qui ne s'illusionnait pas sur la conversion de Jean Cocteau n'est pas étonnée par ce revirement. Elle l'a, ces dernières années, accueilli dans son appartement, rue Cambon, et dans sa villa de la Côte d'Azur. Entre-temps, il lui a présenté Maurice Sachs qu'elle charge d'enrichir sa bibliothèque.

« J'achetais surtout des livres pour les lire », confie-t-elle à Paul Morand. « Les livres ont été mes meilleurs amis. » Et : « J'ai vu beaucoup de gens très intelligents et de haute culture : ils ont été étonnés de ce que je savais ; ils l'eussent été plus encore si je leur avais dit que j'avais appris la vie dans les romans. Si j'avais des filles, je leur donnerais, pour toute instruction, des romans. »

Comment une héroïne de roman n'aimerait-elle pas les romans ? Coco Chanel mène, en effet, une existence hors du commun de par les événements mais surtout de par sa volonté. En 1929, le duc de Westminster lui a offert La Pausa, près de Roquebrune, une magnifique villa où elle a coutume d'inviter ses amis. Rien de tout cela ne la décide néanmoins à l'épouser. « S'il existe plusieurs duchesses de Westminster, il n'y a qu'une Coco Chanel », remarque-t-elle.

Ce luxe ne l'empêche pas de travailler encore et encore. Première arrivée, dernière partie, tout son temps est consacré à l'élaboration de ses collections dans les ateliers au 31, rue Cambon. Aux bars, boîtes de nuit ou mondanités, elle préfère les soirées solitaires et la lecture. Un choix que, peut-être, lui envie Cocteau qui, à nouveau, se débat avec l'opium.

Sur les conseils de son amie, il entre, le 16 septembre 1928, dans une maison de santé à Saint-Cloud afin d'y subir une deuxième désintoxication. Cette fois-ci, il souhaite ardemment s'éloigner de cette dépendance avec laquelle il a renoué à Villefranche en compagnie de Jean Desbordes et de matelots en permission. Coco paiera tous les frais de la clinique même si la note lui semble exorbitante... Dans cet établissement, le patient reçoit, en effet, comme s'il était chez lui. Pourtant, entre ses nombreuses visites, il trouve l'opportunité d'écrire *Les Enfants terribles*, un roman inspiré d'un frère et d'une sœur, les Bourgoint, qui vivent enfermés dans leur appartement. « Dans un thermos », précise Jean.

Certains détracteurs trouvent une odeur de soufre à cette histoire car, même si l'auteur a tenté de retranscrire l'amour pur, innocent, qui unit deux êtres du même sang, ils y reniflent des effluves d'inceste. Cocteau se défend mais, malgré un volumineux courrier adressé par des jeunes l'assurant qu'il a su comprendre leur soif d'absolu, le scandale rôde. Pourtant, quoi qu'en disent les mécontents, cette connaissance de la jeunesse appartient bel et bien au poète qui, souvent, rappellera : « La jeunesse est une question de naissance. On naît jeune ou on naît vieux. »

Avec *Les Enfants terribles*, on retrouve le mythe de l'élève Dargelos, un mythe qui reviendra dans *Le Livre Blanc*, *Portraits-Souvenir* et *La Fin du Potomak*. On retrouve aussi le Petit Condorcet et la cité Monthiers de son enfance. Quant au couple frère-sœur de Paul et d'Élisabeth est-il un rappel à la mythologie pharaonique? Qu'importe! puisque le message qui prime est, surtout et avant tout, celui du triomphe de la mort sur l'amour et sur la beauté absolus. Seule celle-ci peut en effet préserver le souvenir d'une perfection ou d'un sentiment condamnés par le temps et la société à s'éteindre. Cette constatation hantera toute l'œuvre romanesque et théâtrale de Cocteau, car elle se rattachera non seulement à son propre constat mais à son vécu.

Toutefois, pour l'instant, il apprend auprès de Jean Desbordes à oublier l'opium, même s'il éprouve le besoin de rassembler les mots et les dessins qui ont accompagné sa désintoxication. Le recueil porte le nom de la drogue à laquelle il était asservi et qui l'emmenait sur « un tapis volant ».

« Il est difficile de vivre sans l'opium après l'avoir connu parce qu'il est difficile, après avoir connu l'opium, de prendre la terre au sérieux. Et, à moins d'être un saint, il est difficile de vivre sans prendre la terre au sérieux. »

Il remarquera aussi :

« Tout ce qu'on fait dans la vie, même l'amour, on le fait dans le train express qui roule vers la mort. Fumer l'opium, c'est quitter le train en marche, c'est s'occuper d'autre chose que de la vie, de la mort. »

Puis de constater :

« Après la désintoxication. Le pire moment, le pire danger — La santé avec ce trou et une tristesse immense. Les docteurs vous confient loyalement au suicide. »

Et d'avouer :

« Et je me demandais : refumerai-je ou non ? Inutile de prendre un air désinvolte, cher poète. Je refumerai si mon travail le veut. »

Une éventualité qui se transformera vite en évidence car, jamais, il ne se détachera du pavot et, à plusieurs reprises, devra subir des cures dont la prochaine se situera en 1933-1934.

Pendant que Cocteau s'occupe de monter *La Voix humaine*, la pièce en un acte qu'il vient de terminer, Jean Desbordes coule des jours heureux en Italie avec une femme. En apprenant la vérité, le poète est fou de jalousie et la rupture s'annonce. Une rupture vite connue du Tout-Paris puisque au cours de la première représentation, Berthe Bovy, qui supplie son amant au téléphone de ne pas la quitter, est interrompue par Paul Éluard criant au milieu des spectateurs :

« C'est obscène ! C'est à Desbordes que téléphone Cocteau ! »

Mais cette femme meurtrie, suppliante, qui se débat sur la scène, n'est-elle pas l'archétype de tous ceux qui souffrent de passion...

En évoquant sa liaison avec le dessinateur basque Paul Iribe, Coco Chanel en reconnaîtra, elle aussi, le danger.

« Mes rapports avec Iribe furent passionnels. Combien je déteste la passion ! quelle abomination, quelle affreuse maladie ! Le passionné est un athlète, il ne reconnaît ni la faim, ni le froid, ni la fatigue ; il vit par un miracle. La passion, c'est Lourdes tous les jours. »

Coco est célèbre lorsque au début des années trente elle tombe amoureuse de Paul Iribe qui commence à être, lui, moins recherché. Ce décalage entraîne un conflit qui ne peut que s'amplifier. Iribe cherche alors à prendre le dessus sur sa maîtresse en l'humiliant et en cherchant à la détruire... ce qu'elle semble supporter puisqu'elle envisage de l'épouser. A-t-elle quitté le duc de Westminster, qui s'est consolé en épousant Miss Ponsonby, pour devenir la créature d'un homme jaloux et moins fortuné?

Dans l'immédiat, sa carrière l'appelle ainsi que le spectacle; Jean Cocteau tient à ce qu'elle réfléchisse aux costumes de *La Machine infernale*, une pièce qui poursuit le cycle entamé par *Antigone* et *Orphée*, et dans laquelle il s'attaque au mythe d'Œdipe. L'œuvre doit être jouée chez Louis Jouvet et celui-ci souhaiterait qu'une couturière rivale se charge d'habiller les comédiens.

«Mais il faut songer sérieusement à madame Lanvin, écrit-il à l'auteur. Je ne puis dans cette circonstance la frustrer du bénéfice de collaborer avec vous. Elle a été assez à la peine avec nous jusqu'ici.»

A cette missive, Cocteau répond: «Imaginez-moi disant à Chanel qui m'offre pour des milliers de francs d'étoffes et de bijoux somptueux: "Je n'ai pas besoin de vos services!"»

C'est Chanel qui l'emporte. Quant au décor, il est confié à Christian Bérard que Cocteau a rencontré quelques années plus tôt à l'hôtel Welcome de Villefranche-sur-Mer. La pièce connaît un immense succès et l'amitié Chanel-Cocteau persiste.

Toutefois, si l'un et l'autre semblent être recherchés par la gloire, leurs histoires d'amour se terminent souvent tragiquement. Victime d'un infarctus, Paul Iribe meurt en 1935 sur le court de tennis de La Pausa. Coco se trouve alors à un tournant de sa vie. Que peut-elle encore souhaiter qu'elle n'eût connu? Notoriété, luxe, fortune... Il lui reste le travail et à jouer les mécènes en faveur d'Al Brown, un boxeur noir et drogué dont Cocteau s'est entiché et qu'il veut aider à remonter sur le ring.

Ce Panaméen avait disputé ses premiers combats aux États-Unis où il était devenu champion du monde des poids coq. Puis la chance avait tourné et, quand le poète fait sa connaissance, il dirige un orchestre dans une boîte de nuit de Montmartre. Après une cure de désintoxication, payée par Coco, il fait son retour salle Wagram où il gagne plusieurs combats.

« Sorcier de naissance, il savait se changer en fumée, en arbre, en hirondelle, en fil d'araignée, en panthère, en chien, en mouche... et même devenir invisible. Le public voyait Brown. L'adversaire voyait ce que Brown voulait lui faire voir [1]. »

Le nom d'Al Brown est sur toutes les lèvres. On l'appelle bientôt la Merveille Noire et, alors que plus tard il remportera une magnifique victoire sur son adversaire Sangchili, Cocteau lui conseille de quitter la boxe. Après plusieurs autres triomphes, il obéit au conseil du poète et, jusqu'à ce qu'il parte pour New York, il présentera au Cirque Medrano puis au Cirque Amar un numéro imaginé par son mentor.

La collaboration Chanel-Cocteau se prolonge avec *Œdipe Roi*, en 1937. Les spectateurs de l'époque n'ont certainement pas oublié lady Adby qui, dans la robe de Jocaste, porte en guise de colliers des bobines de fil... mais surtout l'apparition audacieuse de Jean Marais cachant à peine sa nudité sous des bandelettes blanches. Elle participe encore aux *Chevaliers de la Table ronde*, où le comédien porte, cette fois-ci, un extraordinaire vête-

---

1. *Le Foyer des artistes.*

ment de brocart qui, la chasteté étant à l'honneur, ressemble à une chasuble d'évêque.

Circulant dans le même cercle d'amis, partageant de manière générale des goûts similaires, ils restent proches. Coco continue d'accueillir Jean quand il a le vague à l'âme et quand il est fatigué des hôtels où il a pris l'habitude de séjourner... Une habitude qu'elle contracte à son tour puisqu'elle finira ses jours au Ritz. Attentive à sa santé, elle lui conseille médecins et dentiste et, fait qui mérite d'être souligné, elle ne tarit pas d'éloges sur Jean Marais en qui Cocteau voit un nouvel ange. Pourtant, le jeune et beau comédien n'a pas hésité à lui tenir tête. Alors qu'un soir Cocteau, désespéré de ne pas trouver les fonds nécessaires pour monter *Les Parents terribles*, menace de se suicider, Marais affolé téléphone à Chanel qui, après avoir écouté sa supplique, déclare qu'on ne réveille pas en pleine nuit une femme qui travaille puis lui raccroche au nez. Grâce à d'autres appuis, les choses s'arrangent. *Les Parents terribles* sont joués, et Jean Marais y remporte le succès que l'on connaît. Quand Chanel vient le féliciter, il lui interdit l'entrée de sa loge. Belle joueuse, elle admet qu'à sa place elle aurait agi de la même manière. Puis, la guerre arrivant, elle insiste pour envoyer à Jean Marais, pendant qu'il est au front, des chandails, des couvertures, etc... Il accepte à la seule condition que toute sa compagnie bénéficie des mêmes avantages.

« Jeannot, lui écrit Cocteau, pour Coco, c'est chose faite. Elle est la marraine de votre compagnie. Explique au lieutenant que c'est énorme. Car elle va prendre une secrétaire et nul chez vous ne manquera jamais de rien. Mais elle veut chaque semaine une note précise des demandes. Souffle sa lettre au lieutenant. Qu'il la remercie comme il sait le faire. C'est la seule femme en France

capable d'organiser bien une chose de ce genre [1]. »
(1939)

En même temps, elle continue de se préoccuper de
Jean Cocteau désemparé par l'absence de celui qui
occupe son cœur et sa vie. Elle lui tire les cartes et le rassure quant à son avenir.

Dans une frénésie d'informations spectaculaires, le
journal *Aux Écoutes* prétend à leur stupéfaction qu'ils
vont se marier.

Cocteau écrit dans *Journal sous l'occupation*, en
1942 :

> « Comment la foule ne vivrait-elle pas de fausses
> nouvelles ? On imprimait partout : Jean Cocteau épouse
> mademoiselle Chanel. On allait jusqu'à prétendre qu'on
> m'avait interrogé à ce sujet et que je n'avais pas démenti
> la nouvelle. Chanel riait. Je riais. Mais ma mère me
> disait : "Pourquoi ne pas l'avouer, mon pauvre petit,
> puisque c'est dans les journaux." »

Fait nouveau, le travail ne satisfait plus Chanel qui,
dans cette époque perturbée, n'éprouve plus l'envie
d'habiller les femmes. Elle, qui n'a jamais été tendre,
devient acerbe, voire sarcastique, et tient des propos
gênants sur son entourage et la situation générale. Son
attitude proallemande est à juste titre jugée inacceptable... encore plus inacceptable lorsqu'elle s'affiche avec
un officier du Reich. Arrivée au faîte de tout ce que l'on
peut souhaiter, la couturière ne peut plus que redescendre du piédestal sur lequel elle s'est hissée. A la Libération, elle est interrogée par des FFI. N'éprouvant plus
l'envie de créer de nouveaux modèles pour une époque
qui ignore l'élégance, elle choisit de fermer sa maison
pour ne la rouvrir qu'en 1954.

---

1. *Lettres à Jean Marais.*

Le 11 février de cette même année, Jean Cocteau, séjournant à Kitzbühel, note dans son journal :

« Nicole (Stéphane) et Colette (de Jouvenel) arrivent à l'hôtel. Nicole me raconte un peu Paris. Échec, semble-t-il de Coco. Francine (Weisweiller) flairait cet échec depuis sa dernière visite. "Les gens sont tous devenus médiocres. Je leur donnerai du médiocre." Il fallait éblouir Paris coûte que coûte. Mais c'est une lutteuse, elle comprendra. (Mauvaise influence de l'entourage). »

Coco Chanel est devenue un squelette. Dure, tyrannique, irascible, elle continue de régner sur les ateliers de la rue Cambon. Ses parfums embaument la planète... Toutefois cette femme qui a toujours revendiqué la liberté se retrouve en effet libre mais affreusement seule. Beaucoup de ses amis sont morts dont Misia, en octobre 1950. Misia qui, malgré les embrouilles et les disputes, partageait la drogue, les confidences, et rivalisait en esprit critique.

« J'ai fait des robes, dit-elle à Paul Morand. J'aurais pu faire bien autre chose. Ce fut un hasard. Je n'aimais pas les robes, mais le travail. Je lui ai tout sacrifié, même l'amour. Le travail a mangé ma vie [1]. »

Le constat est amer et, lorsqu'elle ajoute : « Pleurer sur soi, c'est bercer avec complaisance l'enfant qui continue à vivre à l'intérieur de nous, ce qui n'intéresse personne »... la boucle est bouclée.

Fidèle à ses paroles, Mlle Chanel n'a jamais pleuré sur elle-même. Sans doute voulait-elle que l'on conservât intact le portrait que lui reflétait le miroir quand Boy Capel lui demandait de se souvenir qu'elle était une femme.

---

1. *L'Allure de Chanel*, op. cit.

« La dureté du miroir me renvoie ma propre dureté ; c'est un combat serré entre lui et moi, il exprime ce qu'il y a en ma personne de précis, d'efficace, d'optimiste, d'ardent, de réaliste, de combatif, de gouailleur et d'incrédule qui sent la Française. Il y a enfin mes yeux d'un brun doré qui commandent l'entrée de mon cœur : là, on voit que je suis une femme. »

Marie-Laure de Noailles
1902-1970

C'est à la fin de l'hiver 1917 que Marie-Laure Bischoffsheim croise le chemin de Jean Cocteau. La jeune fille séjourne alors à Grasse chez Francis de Croisset que sa mère avait épousé après son veuvage. Au fil de leurs entretiens, elle ne tarde pas à tomber amoureuse du poète et songe même à l'épouser. Marie-Laure a l'esprit romanesque mais comment en serait-elle privée alors qu'elle a pour grand-mère maternelle la comtesse de Chevigné, qui a inspiré à Proust la duchesse de Guermantes, et qu'elle compte parmi ses aïeux le célèbre marquis de Sade?

Naïve ou indifférente aux réels penchants de Jean Cocteau, Marie-Laure, au grand désespoir de sa famille, s'obstine dans ses sentiments... à tel point qu'au moment où elle se mariera, en 1923, avec le vicomte Charles de Noailles, elle déclarera à celui-ci que son cœur appartient à un autre.

Comme sa mère, la princesse de Poix, Charles de

Noailles est passionné d'art et d'architecture, des goûts que Marie-Laure partage pleinement; aussi, dès le début de leur vie commune, décident-ils de faire construire sur les hauteurs de Hyères une villa digne de leur époque et de leur attrait pour le modernisme.

Ils s'adressent tout d'abord à Mies van der Rohe puis à Le Corbusier mais, les deux architectes n'étant pas libres, ils se tournent vers Mallet-Stevens.

Le chantier durera quatre ans au cours desquels les futurs et fortunés propriétaires travailleront en étroite collaboration avec le maître d'œuvre. Dans cette maison immense, les volumes sont résolument simples mais vastes. De larges fenêtres ouvrent sur l'horizon, la presqu'île de Giens, l'île aux Oiseaux, et permettent au soleil de pénétrer à flots dans un espace conçu pour la villégiature. Francis Jourdain et Eileen Gray sont à leur tour convoqués pour se préoccuper de la décoration intérieure; mais laissons à Jean Hugo le soin de nous décrire ce lieu étonnant car il fera partie des tout premiers invités de M. et Mme de Noailles.

« Aux derniers jours de l'année, je partis avec Valentine pour Hyères. Sur les ruines d'une abbaye cistercienne qui dominait la ville, la vicomtesse de Noailles s'était fait construire une maison d'un genre nouveau par l'architecte Mallet-Stevens. Ni façade, ni étages, mais des appartements et des couloirs à différents niveaux, reliés par des plans inclinés et des degrés de quelques marches. Sur le toit en terrasse flottaient une oriflamme aux couleurs des Noailles et une manche à vent semblable à celle des aérodromes. Au bord d'une autre partie du toit se dressait une statue de femme nue assez mal dégrossie et lourdement sculptée par Laurens. Les religieuses du couvent, en bas de la colline, la prirent pour la Sainte Vierge. Elles disaient leur chapelet en la regardant de loin et elles en vinrent à remercier monsieur de Noailles[1]. »

Charles de Noailles aime les parcs. Il imagine autour de la demeure des gradins qui doucement descendent vers la ville et leur ajoute un jardin cubiste. C'est dans cet endroit étonnant que le couple va se lancer dans sa mission de mécénat car, durant de nombreuses années, les artistes vont réfléchir, se distraire ou créer sous la protection de leurs hôtes.

Pierre Chareau dessine une chambre en plein air où trône un lit entouré d'une moustiquaire. Giacometti livre une statue qui, elle aussi, sera placée à l'extérieur. Au gré des rencontres et des choix, il y aura des œuvres de Chirico, Klee, Picasso, Brancusi, Braque, Mirõ, Masson, Ernst, Chagall mais, plutôt que d'être accrochés aux murs, les tableaux seront rangés comme des volumes dans une bibliothèque.

Les Noailles ont un œil sûr. Jamais ils ne se trompent sur un artiste. Toutefois, ne se contentant pas d'apprécier leur ouvrage, ils recherchent leur compagnie. Qui ne se souviendra, parmi les favoris, des séances de culture physique et des baignades...

« Monsieur de Noailles, écrira Jean Hugo, exerçait son hospitalité comme on commande un navire, dont sa maison pavoisée avait d'ailleurs l'aspect. Il donnait sans cesse des ordres par le téléphone intérieur et en écrivait d'autres qu'il faisait porter par des valets de pied. Tout était prévu pour le bien-être et l'agrément des hôtes. On trouvait dans sa chambre un maillot rayé de bleu et de blanc et une culotte courte pour la leçon de gymnastique. Seul, Georges Auric refusait de maigrir et d'endosser cet uniforme[2]. »

---

1. *Le Regard de la mémoire, op. cit.*
2. *Idem.*

Fascinés par la nouveauté, les Noailles ne peuvent rester indifférents au cinématographe. Ils commencent par filmer leurs vacances mais, bientôt, les effleure l'idée d'écrire une histoire dont ils seraient, avec leurs amis, les protagonistes. Avec une grande jubilation, Charles et Marie-Laure s'octroient des rôles d'escrocs et, pour faire honneur aux comédies policières alors en vogue, la villa Saint-Bernard devient le théâtre de traquenards et de poursuites. Le film est intitulé *Biceps et Bijoux*.

Pris au jeu, ils demandent au photographe Man Ray de leur créer une nouvelle fiction mais, ne se jugeant pas suffisamment photogéniques, ils déambuleront devant la caméra avec un bas sur la tête. Ce choix accentue l'aspect surréaliste du film appelé tout d'abord *Un coup de dés jamais n'abolira le hasard* puis *Le mystère du Château de dés*.

Malgré son admiration et son attirance pour les surréalistes, Marie-Laure, contrairement à Valentine Hugo, n'éprouve pas le besoin de renier Jean Cocteau. Elle continue de l'aimer et de le recevoir même si sa grand-mère Chevigné juge qu'il n'est pas d'une bonne influence.

Mais à quoi ressemble la jeune femme? Déclarer qu'elle est jolie serait un mensonge. Par contre, elle a du caractère et de l'allure.

« Elle avait le beau visage au grand front pur qu'a dessiné Picasso, les mains, sagement posées sur ses genoux, que Balthus a peintes, l'œil amusé sous le sourcil plaintif qu'a vu Bérard. »

Quant à la culture, elle ne lui manque décidément pas.

« Ses grandes lectures françaises et anglaises, les leçons de Berenson, sa parfaite connaissance de l'école italienne et de l'école allemande, la préparaient à devenir l'auteur de livres peints dans la manière de Cranach et de Piero di Cosimo, et de peintures de poètes. »

Peinture, poésie, voilà deux mots qui lui sont familiers et pour lesquels elle est prête à prendre tous les risques.

Il est en effet important de souligner que les Noailles s'intéressent à des artistes qui souvent ne sont pas encore connus. En cela, ils sont de véritables mécènes. Pour eux, découvrir des talents ne s'associe pas avec le souhait de faire des placements financiers. Ils n'achètent que ce qui leur provoque une émotion. Salvador Dali en est un parfait exemple. Le peintre est inconnu lorsqu'ils le découvrent grâce à leur ami Jean-Louis de Faucigny Lucinge. Son existence est alors dénuée de tout subside dans l'atelier qu'il loue près du parc Montsouris. Néanmoins, grâce à sa muse Gala, il va bénéficier du soutien des Noailles pour lesquels il peindra un portrait de Marie-Laure puis *Jeu Lugubre*.

En 1929, *Un chien Andalou*, film signé par Salvador Dali et Luis Buñuel est projeté, place des États-Unis, dans l'hôtel particulier parisien des Noailles. Enthousiasmés par l'avant-gardisme de l'œuvre où, tout à tour, défilent sur l'écran un œil tailladé par une lame de rasoir, une main dévorée par des fourmis, un veau sanglant déposé sur un piano, le vicomte et la vicomtesse commandent à Buñuel un nouveau film et lui proposent de l'illustrer avec une musique de Stravinski. Toutefois, face à la réticence du réalisateur espagnol, ils lui laissent carte blanche quant au choix du musicien.

Pendant que Buñuel commence d'élaborer ce qui sera *L'Age d'or*, Jean Cocteau répond à l'invitation de Marie-Laure et passe la fin de l'année 1929 à Hyères. Il a besoin de se reposer après le scandale des *Enfants terribles*, un scandale qui se double du suicide de Jeanne

Bourgoint, la jeune fille qui a servi de modèle au personnage d'Élisabeth.

> « Cher ami,
>
> Vous savez que vous êtes toujours invité à Hyères mais je ne sais si Bérard vous a dit qu'il médite de venir pour Noël à Saint-Bernard et de vous entraîner. On accroche l'arbre de Noël des enfants le 24 et nous sommes persuadés que vous êtes excellent sur une échelle avec des bouts de rubans ! Vous ne trouverez que le vieux Taigny qui fait "famille" et qui dort dans un fauteuil. Raval qui veut se remettre de son lumbago, Rivière qui ira se promener, peut-être Auric et Allégret et ces petits cousins, des enfants âgés de quatre et sept ans. Vous voyez qu'on ne vous cache rien. La maison sera prête le 24 décembre au matin. L'auto vous prend à la gare de Toulon et c'est à 25 minutes. C'est le genre hôtel — on ne s'occupe de personne sauf aux repas — Voilà. Amitiés. Marie-Laure [1]. »

C'est à ce moment-là que germe le projet du *Sang d'un Poète*. Alors que Georges Auric émet le souhait de composer une musique pour un dessin animé, Marie-Laure, enthousiaste, propose à Jean Cocteau d'écrire un scénario qui serait ensuite confié à un dessinateur. Occupé par *La Voix Humaine*, le poète repousse à plus tard l'idée. C'est seulement au printemps 1930 qu'en reparlent les principaux intéressés. L'idée du dessin animé, techniquement trop compliquée, est abandonnée, mais Cocteau souhaite faire un vrai film avec de vrais acteurs où serait contée la vie d'un poète. Les Noailles le prennent au mot et lui accordent les crédits et la liberté nécessaire pour mener à bien cette nouvelle aventure.

---

1. Archives de Milly.

Place des États-Unis, le couple de mécènes continue de recevoir les proches et les artistes qui les séduisent. Si la villa Saint-Bernard, à Hyères, est résolument moderne, la résidence parisienne (héritée de la famille Bischoffsheim) contient, mêlés aux œuvres actuelles, de magnifiques tableaux, meubles et objets des siècles passés.

« Dîné chez les Charles de Noailles, place des États-Unis, note dans son journal l'abbé Mugnier en 1926. Ils inauguraient l'hôtel nouvellement arrangé. J'ai retrouvé cette maison inondée de lumière. L'escalier n'est plus sombre comme jadis. Une salle de bal toute lumineuse, un fumoir aux murs tendus de parchemin avec des sièges de cuir. C'est l'œuvre de Franck. Tout cela très blanc, nu, étrange, fait pour d'autres habits que ma soutane. »

Étonné par le décor de Jean-Michel Franck, l'ecclésiastique oublie de mentionner les salons du rez-de-chaussée où sont à l'honneur des meubles du XVIIIe siècle et des tableaux de Rubens, Cranach ou Goya... ces fameux Goya que Marie-Laure se vante de nettoyer avec du citron.

Dans sa chambre, elle donne libre cours à sa fantaisie et à un désordre que secrètement elle apprécie. Des souvenirs de moindre valeur se mêlent à son portrait par Dali ou à des photographies. La jeune femme pourrait s'enorgueillir, au fil du temps, d'avoir posé pour les plus grands... mais elle ne le fait pas, car le mécénat est à ses yeux un acte naturel pour ceux qui ont les moyens et le privilège de l'exercer.

Jamais elle ne se permettra d'influencer Jean Cocteau dans sa démarche cinématographique. Même s'il ignore les rouages de cette discipline, il demeure seul maître à bord.

Le film reflète fidèlement sa mythologie et son univers poétique. Tout est là... le passage à travers les miroirs « qui feraient bien de réfléchir un peu avant de renvoyer des images »... l'élève Dargelos... la boule de neige... les étoiles qui apparaissent dans le dos du protagoniste ou autour de l'hermaphrodite... S'il n'est pas nécessaire d'y rechercher une signification (l'auteur ne le souhaitait pas) il est important de se laisser emporter par cette œuvre qu'il qualifie de « documentaire réaliste d'événements irréels ».

Il écrit à sa mère : « Je travaille jour et nuit — mais maintenant je sais écrire en pellicule comme avec de l'encre et c'est autre chose, je te l'affirme, de plus grave et de plus étrange. »

Pour lui, le cinématographe est « un véhicule de poésie... et les films ont été de vrais ambassadeurs puisque les images parlent pour ceux qui ne peuvent pas lire. Et puis les traductions d'un poète sont impossibles. Toutes les traductions sont mauvaises, on ne peut pas traduire un poète. Alors, tout de même, les images pénètrent partout et donnent souvent à tout un public le désir de mieux connaître la personne qui a fait le fil, surtout quand ce n'est pas un cinéaste. »

Pendant qu'il tente, avec l'aide du chef opérateur Périnal, d'animer la statue jouée par Lee Miller, elle-même américaine, mannequin et maîtresse de Man Ray, les Noailles se préparent à essuyer un énorme scandale. Buñuel a terminé l'*Age d'Or* mais, dès sa sortie, le film est catalogué comme anticlérical et antimilitariste. Des bagarres fomentées par des groupes d'extrême-droite se déroulent au Studio 28 où il est projeté. De l'encre est lancée sur l'écran, des bombes puantes sur les spectateurs. On demande le retrait de l'œuvre et, au grand dam des surréalistes, la censure la fait interdire. Les Noailles

Jean Cocteau entouré de sa sœur Marthe, de sa mère et d'une cousine dans la propriété familiale de Maisons-Laffitte.

Eugénie Cocteau,
la mère de Jean,
peinte par Vaucker.

Dessin de
Jean Cocteau
dédicacé à
Valentine Hugo
(1924).

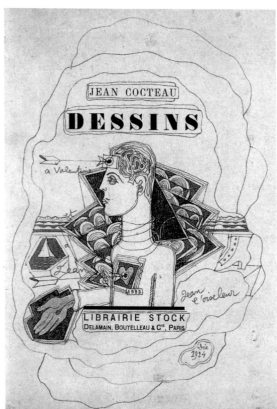

Anna de Noailles
et Madeleine Carlier
dessinées par Jean
Cocteau.

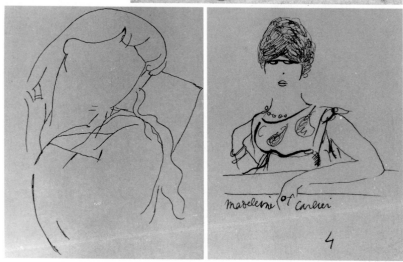

Dessin de Jean Cocteau.

Erik Satie et
Valentine Hugo.

Coco Chanel dessinée par Jean Cocteau.

A Jean
Marie-Laure
3 Mars 1933

Jean Cocteau photographié
par Man Ray.

Marie-Laure de Noailles.

Photographie prise pendant le tournage de *Sang d'un poète*
(au centre Marie-Laure de Noailles).

Natalie Paley dans sa chambre
d'hôtel à Saint-Moritz.

Dessin de Natalie Paley par
Jean Cocteau. (Coll. M. Romanoff)

Extrait d'une lettre de Natalie Paley à Jean Cocteau.

Photographie prise
après la Seconde
Guerre mondiale.

Portrait de Colette
par Jean Cocteau
à la farine
et au fusain.

Jean Cocteau, Francine Weisweiller
et Édouard Dermit.

Louise de Vilmorin
dessinée par
Jean Cocteau.

Collage de
Gilles Brochard.

sont jugés responsables de cette infâmie puisqu'ils l'ont commanditée. On les accuse d'athéisme et la société bien pensante leur tourne le dos. Le vicomte se voit lui-même dans l'obligation de démissionner du Jockey Club...

« La comtesse de Chevigné mère a voulu m'avoir, seul, à dîner avec elle pour me causer de l'affaire Noailles, note l'abbé Mugnier dans son journal, le 4 janvier 1931. Elle m'a lu une lettre de Marie-Laure ennuyée de tous ces potins et voulant être tranquille. »

Et le 16 janvier : « Le film Cocteau ajourné à un an. Cocteau en éprouve beaucoup d'ennuis mais il parle bien des Noailles, bien qu'il déplore leur fuite éperdue à Hyères et regrette que le vicomte se soit retiré du Jockey. Le vicomte Charles aurait dû se défendre. »

Puis : « Marie-Laure, nature très singulière, tous les sangs sont dans le sien. »

L'abbé Mugnier évoque là... le marquis de Sade, la comtesse Chevigné mais aussi le sang des Bischoffsheim, cette famille de banquiers illustres, puissants et fortunés à laquelle appartenait le père de l'intéressée.

Contrairement à son époux, très affecté par la quarantaine que lui infligent ses pairs, Marie-Laure ne souffre pas de la situation. En fait, elle n'est pas mécontente d'avoir bravé un milieu qui, bien qu'il lui eût toujours accordé des privilèges, lui pesait. Unie aux artistes en lesquels elle se reconnaît, elle ne craint pas de faire front aux attaques.

Il est toutefois conseillé à Jean Cocteau de reculer la sortie du *Sang d'un Poète*. Les Noailles ont, en effet, décidé d'apaiser les esprits et, dans ce but, ils demandent à Cocteau de supprimer la scène où, assis dans des loges de théâtre, ils applaudissent avec leurs amis Faucigny

Lucinge et Chimay le suicide du personnage incarnant le poète. Leurs rôles seront repris par des comédiens. Toutefois cette décision ne suffira pas à leur garantir la fidélité de leurs anciennes relations. Au moment où Charles et Marie-Laure décident de présenter le film dans leur salle de projection privée où peuvent se réunir trente-six personnes, plusieurs invités se décommandent dont le comte Étienne de Beaumont qui garde en mémoire l'œuvre de Buñuel.

Dès que le film est offert au public, les remous recommencent, fomentés cette fois-ci par les surréalistes qui, à leur tour, crient au blasphème et injurient le réalisateur. Jamais ils n'ont supporté Cocteau et ses allures de bourgeois... pire... de dandy... alors voir que celui-ci a créé un univers surréaliste avec plus d'audace et de talent que leur habituelle démarche les rend furieux.

« Les surréalistes en voulaient vraiment à Jean, déclarera Charles de Noailles. Breton savait que le mouvement ne pouvait avoir deux rois, et Cocteau ne pouvait rester son chevalier servant. »

Qu'importe les règlements de comptes car, avec *Le Sang d'un Poète*, les Noailles ont non seulement produit un film qui deviendra une référence en matière cinématographique, mais ils ont donné à Cocteau l'opportunité de se placer derrière une caméra et d'utiliser celle-ci comme un outil supplémentaire.

Revenant néanmoins au théâtre, il réfléchit à une pièce qui deviendra *La Machine infernale*. Le travail est sa sauvegarde et sans doute un remède contre son mal de vivre.

C'est à sa mère qu'il confie depuis toujours sa lutte contre lui-même et contre les désillusions infligées par les autres. Ne lui écrivait-il pas en 1927 :

« Ma maman bien aimée,

Ne t'inquiète pas. Mes fatigues, mes tristesses sont d'ordre si profond que rien ne pourrait les guérir. La naissance d'un livre comme *Opéra* me tue. C'est tuant de mettre au monde une chose qui précède, qui est invisible, qui ne sera vue que le jour où elle deviendra aussi triste que les œuvres dont s'inspirent les affiches et les vitrines du Printemps. Ne crois pas que mes amis passent avant tout. Mais ils me plaignent et me dorlotent. J'ai besoin de cette douceur dans toute la dureté où je vis. »

Puis en 1928, alors qu'il séjourne à Villefranche-sur-Mer :

« Cette fois, ma crise de désespoir a été si longue, si terrible que je croyais que c'était la fin. Au reste, je me demande si ces crises ne me rendront pas fou [...] Écrire une ligne est un supplice. Me lever, me laver, un supplice, etc... et je n'exagère pas. Ne m'en parle pas — c'est inutile; rien ne me console et rien ne me remonte. Il vaut mieux ne pas en parler. Imagine la sensation d'un homme qui se sentirait au bout d'une chose qui n'a pas de bout et tu comprendras un peu cette angoisse épouvantable. »

Quand cessera-t-il de la rassurer sur l'affection qu'il lui porte? Quand cessera-t-il de se culpabiliser d'avoir des amis? Un pas, pourtant, est franchi le jour où, en 1931, il quitte le domicile maternel pour s'installer dans un appartement, 9, rue Vignon, et devenir le voisin de Valentine Hugo.

« De tous mes domiciles, le plus hanté fut la rue Vignon. Il était presque à l'angle de la place de la Madeleine, sous le toit, et ne se donnait pas pour agréable. Mais il y avait de la houle et du feu. Je ne pourrais le décrire. C'est son vide qui était plein. »

Une foule s'y presse, jugeant qu'il y a davantage de liberté dans ce lieu que rue d'Anjou ou dans les chambres d'hôtel. Un boy annamite y prépare des pipes jusqu'à la troisième désintoxication du poète. Entre-temps ses rapports avec Marie-Laure de Noailles se sont détériorés. Elle lui a présenté la princesse Natalie Paley, épouse du couturier Lucien Lelong, pour laquelle il a ressenti un violent coup de foudre. Contrainte par les circonstances, la vicomtesse a toujours admis les amours masculines de Jean mais qu'il s'enthousiasme pour une femme jusqu'à souhaiter l'épouser... cela, elle ne peut l'accepter! L'affection qu'elle lui a toujours vouée se transforme en haine et elle met toute son énergie à détruire les liens fragiles qui se sont tissés entre les deux êtres qu'elle s'est juré de séparer. Exaspéré par ce qu'elle racontait sur son compte, Cocteau finit par la gifler devant Natalie.

« Marie-Laure était une descendante du marquis de Sade, confiera Charles de Noailles. Elle était d'une extrême violence. Elle était une des grandes amies de Cocteau quelquefois — mais pas toujours. Cet incident la mit hors d'elle. Elle se précipita à la maison et détruisit tout ce que Cocteau lui avait donné dans le passé : la fameuse sculpture d'une tête en nettoie-pipes, le manuscrit de *La Machine Infernale* et d'autres choses encore. Elle disait : "Je ne veux rien de lui chez moi" [1]. »

Voilà un comportement qui, ajouté à celui de Natalie Paley — dont les détails seront donnés plus tard — ne risque guère de réconcilier Cocteau avec l'image féminine. A l'une et à l'autre, il va régler leur compte dans *La Fin du Potomak* où Marie-Laure se transforme en

---

1. Arthur King Peters : *Jean Cocteau et son univers*, Le Chêne.

vicomtesse Méduse (un nom qu'elle s'est elle-même donné).

« La vicomtesse Méduse était jalouse. Elle était née Radohla. Depuis l'enfance, elle se croyait éprise de l'oiseleur et liée à lui par quelque pacte. Ses scènes dans la chambre étaient terribles. Elle arrachait sa chevelure. Elle tirait la langue, marquait les portes de rébus avec son rouge à lèvres, nouait des gants aux candélabres et prétendait jeter des sorts. »

Elle jalousait la princesse Fafner (Natalie Paley)
Puis il raconte la fameuse gifle :

« Il arrivait même que des visites maladroites lui donnassent des réflexes fous. Ainsi gifla-t-il la vicomtesse. Ainsi s'éloignait-il des codes. Ainsi s'échappait-il du monde. »

Après l'inévitable rupture Paley-Cocteau et avec les années, l'amitié avec Marie-Laure reprendra ses droits... différente toutefois... malgré la lettre exaltée qu'elle lui adresse le vendredi 3 mars 1933 :

« Très cher Jean,
Je suis trop fatiguée, trop engluée pour venir dimanche. Cela me navre plus que je ne saurais l'exprimer mais je crois qu'il est plus sage que nous ne nous voyons pas pendant quelque temps. Simplement je ne suis ni à la hauteur de votre force, ni de votre pureté. Je vous aime trop pour ne pas les subir de toute mon âme et chaque fois qu'il me faut retomber ensuite dans le coutumier, le terrestre, je me meurtris et je fais du mal autour de moi.

On ne peut pas "moucher les enfants" et "beurrer leurs tartines" et celles des poètes.

Vous avez été présent dans mon cœur pendant une si longue absence que je sais que plus rien au monde ne peut changer — en dehors de la mort — le sentiment plus fort que l'amour — l'amitié quasi divine — qui me maintiendra toujours à vos côtés.

Cette lettre est sur un ton qui friserait le "crétinisme" si elle n'était arrachée de mon cœur par de longues réflexions, l'insomnie et les larmes.

Les dieux vous gardent. Marie-Laure [1]. »

---

1. Archives de Milly.

Natalie Paley

1905-1981

Natalie Paley a vingt-sept ans quand Marie-Laure de Noailles la présente à Jean Cocteau avant que ne débute une projection du *Sang d'un Poète*.

Son père est le grand duc Paul Alexandrovitch de Russie, frère du tsar Alexandre III. Sa mère Olga Karnovitch reçoit, après un mariage morganatique et par concession impériale russe, le titre de princesse Paley.

L'enfance de Natalie se déroule comme un conte de fées entre les palais de la cour et la résidence que possède sa famille à Paris mais, avec la Révolution russe, l'adolescente va connaître l'horreur. Elle n'a que treize ans quand, après l'exécution de son père et de son frère par les bolchevistes, elle parvient à s'enfuir avec sa mère et sa sœur en Finlande. A la fin d'un périple dramatique et dangereux, la France les accueille néanmoins, semblables aux autres Russes blanches qui connaissent l'exil, elles demeureront toute leur vie marquées par les atrocités dont elles ont été les témoins et les victimes.

Les années passent et la beauté de Natalie, son allure, la font remarquer du couturier Lucien Lelong, un homme courageux dont la Croix de guerre a récompensé la conduite pendant les années 1914-1918. En 1924, il a hérité de la maison de couture familiale mais, plus gestionnaire que créateur, il engage des modélistes pour donner naissance à une griffe qui bientôt connaîtra la notoriété. Dynamique, affable, esthète, il est apprécié par la société et les femmes, mais ce sera Natalie qui, par son charme infini, lointain, éthéré, obtiendra sa reddition. Féminine, élancée, admirablement proportionnée, elle possède aux dires du danseur Serge Lifar et du vicomte de Noailles les plus beaux bras du monde. En 1927, elle épouse Lucien Lelong; cependant elle n'a pas envie de se laisser enfermer dans une vie établie. On la recherche, on la courtise et elle a bien l'intention de profiter de l'engouement suscité par ses origines et son passé romanesque pour pénétrer l'univers du cinéma.

Dès qu'il aperçoit Natalie, Cocteau éprouve un coup de foudre et ce violent intérêt n'est pas dénué d'attirance physique. Certains diront qu'il a alors cherché à imiter Raymond Radiguet et Jean Desbordes qui appréciaient les femmes... Desbordes, surtout, dont la liaison avec Geneviève Mater est connue de tous. Mais, si l'on s'en tient aux faits, Natalie Paley possède de nombreux atouts susceptibles de séduire le poète. Ascendances princières, et pas n'importe lesquelles puisqu'elle descend des Romanoff, jeunesse, beauté et modernité car son physique appartient bien aux années trente. Corps svelte, nez légèrement retroussé, habilement dépourvu de fanfreluches. Au moment où il la rencontre, il vient de s'installer rue Vignon, éloigné de l'emprise maternelle... tout du moins dans le sens physique. Jean

Desbordes fait toujours partie des intimes mais le lien qui les unissait s'est relâché, même si l'opium continue de les réunir. Christian Bérard est entré dans le cercle ainsi qu'Igor Markévitch. Tous, après de régulières séances de cinéma, se réunissent dans l'appartement bas de plafond et entourés des objets chers à leur hôte, ils tirent sur les pipes qui circulent en abondance. Cette atmosphère ne déplaît pas à Natalie Paley qui devient vite une habituée des lieux.

Plus tard, elle fera des confidences à Francis Steegmuller, l'un des biographes du poète : « J'étais folle de l'esprit et du charme de Jean, mais l'attrait que j'exerçais sur lui était purement physique. »

Lui ne dira pas la même chose. Jusque tard dans sa vie, il évoquera avec nostalgie le souvenir de la princesse. Peut-être a-t-il voulu, au début, se persuader qu'il l'aimait mais, peu à peu, il s'est laissé prendre au jeu. Attitude d'autant plus explicable et compréhensible par le fait qu'ils partagent, aux dires de Cocteau, une relation charnelle.

Dix ans plus tard, il note dans son journal : « Natalie Paley était ma maîtresse. Nous nous aimions. C'était notre lune de miel [1]. »

Ils écoutaient alors, allongés sur un canapé chez le dramaturge Édouard Bourdet, la lecture de *La Fleur des Pois*, une pièce qui raillait l'homosexualité masculine.

Cette entente s'interrompt pourtant lorsque Natalie apprend à Jean qu'elle est enceinte. Un enfant! Un fils, bien sûr! Tous les espoirs du poète sont comblés car, même si sa maîtresse est mariée, il ne met pas un instant en doute sa paternité.

---

1. *Journal sous l'Occupation.*

« Ma joie, rue Vignon, en apprenant de Natalie qu'elle était enceinte. Mon angoisse parce qu'elle a tout avoué à Lelong et que Lelong voulait prendre l'enfant. Ma colère lorsqu'elle s'est fait avorter. Sa lettre à Jean Desbordes disant qu'elle ne pouvait mettre au monde un bâtard (sic) et qu'elle craignait un mélange Jean Cocteau-Romanoff [1]. »

Il ajoute une phrase qui n'est pas anodine : « Je trouvais Maman folle et criminelle de partager les craintes de Natalie et d'approuver son acte. »

Et s'il ajoute plus tard : « Maman que je jugeais trouble-fête avait hélas! raison. Tout devait s'achever avec des drames et des embûches mondaines », on tient, là, la preuve que la bien-pensante Mme Cocteau préfère renier ses convictions religieuses et encourager un avortement plutôt que de voir son fils vivre des relations hétérosexuelles et fonder une famille. En tous les cas, il est important de souligner que Jean, pour la première fois de son existence, a osé tromper sa mère avec une femme qui représente son absolu contraire.

Si Jean Cocteau soutient que Natalie Paley est allée en Suisse pour y subir une interruption de grossesse, elle s'en défend formellement. A-t-il pris ses désirs pour la réalité? Est-elle enceinte de son amant? L'est-elle de son époux? A-t-elle fait une fausse couche spontanée? La vérité appartient à celle qui, pour le poète, a incarné l'idéal féminin.

Il est en effet difficile de faire la part des choses entre les fantasmes d'un homme, son penchant pour la mythomanie dès qu'il s'agit d'expliquer les sentiments que lui voue le sexe opposé... et ce que veut bien admettre une femme.

---

1. *Journal sous l'Occupation.*

Selon la version de Cocteau, la princesse, découragée par les mises en garde que lui distille Marie-Laure de Noailles, aurait décidé de ne pas garder l'enfant d'un homme qui continuerait d'avoir des relations homosexuelles avec Jean Desbordes et Igor Markévitch.

« Marie-Laure apprit par Bérard que je vivais avec Natalie Paley-Lelong. Bérard faisait son portrait — il m'expliqua par la suite qu'il avait dit cela pour lui animer le visage [1]. »

Cocteau ajoute :

« Elle est responsable de l'avortement de Natalie à qui elle montait la tête contre moi lorsque j'habitais chez Markévitch en Suisse. Marie-Laure me croyait amoureux de Markévitch, que nous vivions ensemble, et poussa ce sombre mélimélo jusqu'à la fameuse visite, hôtel de la Madeleine, où je la giflai en présence de Natalie [2]. »

Mais avant cette crise, le 16 juin 1932, Jean écrivait à sa maîtresse en s'attribuant le rôle de Tristan et en voyant Lucien Lelong sous les traits du roi Marc :

« Derrière les tours bien closes, Iseult la Blonde languit aussi, plus malheureuse encore : car, parmi ces étrangers qui l'épient, il lui faut tout le jour feindre la joie et le rire; et la nuit, étendue aux côtés du roi Marc il lui faut dompter, immobile, l'agitation de ses membres et les tressauts de la fièvre. JE SUIS CHANGÉ DE FOND EN COMBLE. »

Il est important de souligner que dans *L'Éternel Retour*, Iseult s'appellera Nathalie.

Et Natalie... Comment vivait-elle cette passion?

De son domicile de Saint-Cloud, elle lui déclarait dans un télégramme, le 16 juillet 1932 : « Jean, mon

---

1. *Journal sous l'Occupation.*
2. *Idem.*

amour, je pense à toi continuellement et t'aime sans limite [1]. »

Puis, de Paris, le 20 juillet 1932, à Saint-Mandrier où Cocteau, en compagnie de Desbordes, travaille à *La Machine Infernale* : « Si heureuse avoir lettres et télégrammes. Enchantée savoir voyage agréable. Suis constamment avec toi. Mon cœur tout près du tien, mon amour adoré [2]. »

De Paris, encore, à l'hôtel Saint-Georges à Saint-Mandrier : « Je t'aime amour. Natalie [3]. »

A ces télégrammes, il répond :

« Je montre à tous une bonne figure et je me la montre à moi-même, mais tout ce qui est beau, tout ce qui est doux, tout ce qui est divin blesse comme une insulte à ce qui pourrait être gêné comme un décor vide. »

Et il remarque avec nostalgie : « Je sais que tu aimerais cette vie simple et merveilleuse, je sais que tu aimerais nos voyages et nos promenades quand le soir tombe. »

De Tamaris, il avouera plus tard : « Je t'aime avec une dureté terrible — avec cette dureté qui fait dire à Goethe : "Je t'aime, est-ce que cela te regarde?" »

Partout où il va, il emmène dans son esprit Natalie : « Penser à toi dans cette ivresse de soleil est une volupté bien grande. »

Avant de partir pour la Suisse, elle lui envoie lettre et télégramme :

« 11 août

Jean mon amour. Quel atroce sentiment de t'avoir

---

1. Archives de Milly.
2. *Idem.*
3. *Idem.*

perdu. Depuis 11 jours j'ai devant moi un vide, un trou noir qui t'aurait englouti et j'ai souffert affreusement. L'impossibilité de te donner de mes nouvelles et d'en avoir de toi me rendait folle. C'est ce que j'avais tellement craint et pressenti. Heureusement le téléphone de dimanche avec Denise[1] m'a consolée. J'ai su que tu avais bonne mine, que tu étais bronzé et que le chien était un ange. Je vais beaucoup mieux et pars pour Saint-Moritz dimanche — mais j'ai été vraiment très mal. A peine arrivée à Paris j'ai pris froid — angine et lit — Suis rentrée à Paris au bout de deux jours avec Irène (ma sœur), de nouveau lit et fièvre — le tout compliqué d'une légère crise d'appendicite. Les chirurgiens n'ont pas voulu m'opérer l'état général étant trop faible. Je le ferai à la rentrée. Je pars pour Saint-Moritz car je pense que la montagne me fera du bien. Je la hais l'été, mais je veux à tout prix me soigner. Les médecins voulaient m'envoyer à Valmont pour que je sois sous surveillance médicale — mais j'ai refusé énergiquement. Je connais l'endroit — on peut y mourir de neurasthénie. Je pars seule avec Petit et ma femme de chambre — pour être plus tranquille j'ai choisi Suvretta qui est au-dessus de Saint-Moritz et où les gens qui veulent s'amuser ne vont pas. J'ai promis de mener une vie de convalescente — toute la matinée au lit — petite promenade l'après-midi et dîner au lit.

Actuellement je suis si fatiguée que ce programme me plaît. Je vais *enfin* pouvoir passer aujourd'hui rue d'Anjou. J'ai une telle hâte de trouver des lettres — de te sentir de nouveau près de moi — à moi.

Je pense que tu as dû te tourmenter beaucoup à mon sujet et c'est ce qui rendait mon silence obligatoire plus angoissant. Comment va Jean Jean[2]? a-t-il meil-

---

1. Denise Bourdet.
2. Jean Desbordes.

leure mine? Denise m'a dit qu'il y avait une jolie forêt
près de Saint-Mandrier où tu te promenais le matin avec
Petit Cru [1]. Je me sens parfois si loin de toi — si en
dehors de ta vie — c'est très déchirant — et ceci durera
pendant de longues semaines — d'interminables journées !

Il faut que je termine cette lettre. Je descends tout à
l'heure pour la première fois à Paris.

Je t'embrasse Jean mon amour de toute mon âme.
Que Dieu te garde. Je t'aime. Natalie [2]. »

Le 13 août, elle adresse un télégramme, de Paris à
Saint-Mandrier :

« Jean mon amour enfin je peux te dire que je t'aime
ai passionnément pensé à toi pars St Moritz dimanche
écrirai immédiatement je t'embrasse ainsi que Jean-Jean.
Natalie [3]. »

Puis, le 18 août 1932, une longue missive :

« Mon amour, je suis si si heureuse de savoir que le
3e acte est fini, si heureuse de t'en savoir délivré, mais un
peu triste de n'avoir pas été à ton côté. J'aurais tant aimé
te voir travailler, partager avec Jean Jean (Desbordes) la
joie et l'émotion de la première lecture — enfin la vie me
réserve peut-être encore ce bonheur. Quelle horreur la
découverte Saint-Mandrier. Pour moi, cela me gâterait à
jamais l'endroit. Je ne risque rien de pareil ici. Peu à peu,
je m'habitue au paysage. Je tâche de ne pas trop regarder
du côté des montagnes et de diriger mes regards vers la
vallée et les lacs. Il fait très beau jusqu'à six heures. Puis
le froid tombe — il faut rentrer et les nuits sont belles
mais glacées. Je reste étendue dehors tout l'après-midi à
lire car j'ai emporté une véritable bibliothèque (j'ai eu
90 kilos d'excédents de bagages). Tony en serait peut-

---

1. Le chien.
2. Archives de Milly.
3. *Idem.*

être impressionné et ne parlerait plus si légèrement de mon ignorance! Je lis en ce moment Villette en français. Denise me l'avait conseillé mais c'est tellement plus joli en anglais.

J'ai pris naturellement ton dernier livre et tous les soirs avant de m'endormir je relis *Plain-Chant*. Je m'endors dans tes bras. Ta photographie (celle de Man Ray que je préfère) est à côté de moi. J'ai accroché au lit, d'un côté le collier d'ambre et le petit singe, et de l'autre j'ai épinglé le morceau de velours rouge. Cela fait très mignon. En face, sur ma coiffeuse, j'ai la photo prise pendant le film où tu es étendu [1]... »

Cependant, le 27 août, les reproches se mêlent aux déclarations d'amour :

« Jean chéri. Je n'ai pas écrit depuis quelques jours car j'étais bien triste et bien déprimée. J'ai préféré laisser passer du temps pour t'écrire calmement avec tout mon cœur qui est toujours plein de ta pensée.

Pourquoi avoir douté de moi? et pourquoi l'avoir laissé deviner?

Je te dirai comme Marlène "Will you never learn to believe without proofs?" Déjà à Paris plusieurs personnes m'ayant étrangement questionnée sur ma santé m'avaient donné l'idée que tu avais dû leur parler de tes craintes. Ce ne pouvait venir *que de toi*. Puis je l'avais oublié — ma mine était si mauvaise à ce moment qu'on pouvait soupçonner n'importe quoi. A présent, je reçois des lettres d'amis pleines d'allusions, d'insinuations, de réticences et là encore — je retrouve ton inquiétude. Mais pourquoi? Tu savais pourtant combien *je tenais* à ce que tu n'en parles pas. Je te l'avais *supplié* (sic) avant ton départ. Tu pouvais deviner combien cela me blesserait profondément, intimement que tu puisses me livrer

---

1. Archives de Milly.

ainsi. Cette sorte de trahison du cœur devant son inquiétude, son égoïsme — m'épouvante. Comment veux-tu
que je crois en toi, que j'ai confiance? Et puis à quoi
bon? A quoi cela servait-il de traduire ta crainte en laissant soupçonner aux autres une possibilité d'intervention criminelle de ma part?

Je n'ai rien fait de mal uniquement parce que Dieu
ne l'a pas voulu et de cela je lui suis reconnaissante de
toute mon âme. Mais s'il en avait été autrement —
n'était-il pas de ton devoir *avant tout*, avant ta propre
douleur de faire le silence autour de moi — tu me le
devais doublement. Attendre un enfant est un grand
mystère qu'on diminue et profane en en parlant. Et
combien plus dans cette occasion! Malheureusement
pour moi tu n'as eu dans ta vie que des êtres qui ne
tenaient pas à leur réputation — soit parce qu'ils étaient
comme Jean Jean dont la hauteur exceptionnelle le place
au-dessus de cela — soit parce qu'ils n'avaient plus rien
à perdre. Mon cas est bien différent — tu ne sais pas ce
que c'est que de protéger une femme et ce qu'il y a
d'infiniment fragile dans les rapports de deux êtres de
sexe différent. Je crois en ton amour, mais je suis désespérée de la légèreté de tes paroles. Je sais que tu n'as agi
que par inquiétude et crainte — mais tu devais avant
tout penser à moi. Je souffre affreusement de te sentir si
loin, si différent de moi. C'est la 2ᵉ fois que je te perds —
"you fail me" quand j'ai le plus besoin de toi — et c'est
désespérant. Je me sens seule — irrémédiablement seule
— projetée loin de toi à une distance infinie. Je ne crois
plus à rien, ni à la vie, ni à l'avenir.

Je t'écris Jean avec tout mon cœur — sans aucune
rancune — seulement une immense tristesse. J'ai le
même amour pour toi, chéri, mais je ne peux plus avoir
de confiance. Je te considère toujours comme l'Être
exceptionnel dont l'amour et le génie auront illuminé
ma vie — en t'arrêtant près de moi tu m'as grandie et

élevée — mais je ne te considère plus "dans la vie". Tes qualités comme tes défauts te rendent impossible. On ne peut qu'être meurtrie par eux.

Je suis encore bien faible car en me tourmentant comme je l'ai fait ces jours-ci je suis retombée dans une sorte d'indifférence à tout et je dois faire un effort pour me lever — manger — sortir — Enfin j'ai du temps pour me remettre — mais peu de désir. A quoi bon? Jean chéri je sais que ma lettre te fera mal. J'en suis désolée, mais je ne peux pas te cacher ce qui me bouleverse. Avant tout nous nous devons une entière franchise. Je t'embrasse avec tout mon amour et reste plus que jamais près de toi. Natalie [1]. »

23 août 1932, une lettre prouvant que Jean Cocteau envoyait au début de l'été ses missives à son propre domicile rue d'Anjou et adressées au nom de Mme Desbordes :

« Mon amour. Avec épouvante j'ai retrouvé ce papier que m'avait donné la concierge rue d'A. Je l'avais mis en partant parmi tes lettres et hier en les relisant, je l'ai aperçu. J'ai eu un coup au cœur pensant que c'était peut-être une convocation urgente, mais la date m'a rassurée. Je m'excuse et supplie Jean Jean de me pardonner.

Pauvre Petit Cru par quelle tragédie il est passé. Je crois plutôt que c'est par ta volonté et la force de ton amour qu'il s'est sauvé. C'est une bien belle histoire et qui m'a beaucoup émue.

Je continue à mener une vie contemplative et suis en train de prendre des habitudes de paresse qui m'épouvantent. Hier je me suis promenée dans un glacier. C'était sublime! On a creusé dedans un tunnel et par endroit la lumière du jour passe à travers les blocs de

1. Archives de Milly.

glace ce qui donne un éclairage de conte de fées. Aujourd'hui toute la journée j'ai eu mal à l'appendice. C'est très ennuyeux car je ne mange rien, j'ai si peur d'une crise. Il faut absolument que je me fasse opérer à la rentrée. J'ai reçu une charmante lettre de Marie-Laure qui me donne de tes nouvelles. Nous avons rendez-vous Villa d'Este le 20 septembre. J'irai probablement avant car l'hôtel ici ferme le 15. J'ai envoyé à Giorgio Ottorre une lettre pleine de menaces car je sens d'après ce qu'il m'écrit qu'il médite de nous abandonner et de ne pas paraître à V. d'Este. J'ai des amis italiens qui veulent m'emmener à Stockholm au début de septembre. J'aimerais faire ce voyage car j'adore la Suède (et tout ce qui touche au Nord) mais je crains que cela soit trop fatigant et vais refuser.

Je suis si heureuse de te savoir en bonne santé. ML me dit aussi que tu es merveilleux. Le nombre de pipes a-t-il augmenté? Je trouve que tu n'en parles guère!

J'ai fait sensation à l'hôtel en arrivant car tout le monde m'a prise pour Greta Garbo. J'étais naturellement transportée de joie. Je t'embrasse mon amour et ne te quitte pas. Natalie [1]. »

Une nouvelle lettre, le 7 septembre :

« Jean mon amour, je trouve la photo du bal sublime. Quelle merveilleuse idée et comme j'aurais aimé faire cette entrée avec vous! La description du bal me paraît moins bien. Merci de m'avoir envoyé la photo de toi couché. Je ne l'avais pas. Elle est un peu effrayante mais bien belle et je te retrouve si bien. Je t'en envoie une monstrueuse de moi — mais c'est la seule récente et la seule que je possède.

Je fais de longues promenades le plus souvent seule; quelquefois des p.niques avec une tante d'Italie qui habitent (sic) (Illisible). Les Georges de Castellane sont

---

1. Archives de Milly.

ici et nous jouons au golf presque tous les jours. Nous avons eu un accident d'automobile qui m'a bouleversée. J'étais dans la petite voiture de Toto d'Albe qui conduisait elle-même. Un cycliste nous est tombé dessus à toute vitesse dans un tournant et s'est presque tué. Heureusement elle ne s'est pas affolée et n'a pas fait de faux mouvements sans cela nous allions dans le ravin. L'homme se remettra mais en a pour longtemps à l'hôpital. Je pense rester ici jusqu'au 15 à moins que le temps ne s'abîme. Je descendrai à Villa d'Este où j'attendrai Marie-Laure à moins qu'elle n'ait changé d'avis.

Chéri, je te trouve assez injuste dans ton opinion de ma vie passée. Dieu sait que je ne la trouve pas parfaite — mais tout de même il n'y a pas que le dancing et les gigolos. Pourquoi prends-tu au sérieux les divagations de Violette M. Tout le monde sait que c'est une *folle* à tous points de vue. Quant à l'opinion de Charles elle a peu de valeur. Il ne devrait pas parler société et mariage car sa belle-mère en a fait deux compromettants ! Quant à lui-même il a montré si peu de dignité après les histoires de films et a si bien prouvé combien il tenait à cette opinion mondaine qu'il dit mépriser — que vraiment ses paroles manquent de poids ! Enfin tout cela n'a aucun intérêt ! Je suis si contente que les chemises aillent bien et que les disques te plaisent. J'ai cherché en vain q. chose à t'envoyer d'ici — mais tout est monstrueux ou banal.

Mon amour chéri — comme j'aimerais être près de toi pendant la lecture de ta pièce. Jean Jean me dit que c'est plus beau que tout. C'est bien cruel de penser que je serai la dernière à l'entendre. Je te serre tendrement dans mes bras et embrasse longuement mes yeux, mes mains et mes genoux. Natalie [1]. »

De Cernobbio, enfin, où elle passe des vacances à la

---

1. Archives de Milly.

Villa d'Este, en compagnie des Noailles, une lettre non
datée mais qui se situerait dans la seconde moitié du
mois de septembre :

«Jean chéri — Je n'ai pas eu une seconde pour
écrire submergée comme je l'ai été par des drames.
Marie-Laure — Giorgio — tout le monde est dans un
état de nerfs atroce — sauf Charles qui part pour des
journées entières visiter des villas. Giorgio qui est l'être
le plus angélique sur la terre — s'est brusquement révélé
démoniaque. Il torture la pauvre ML, la traite d'une
façon méprisante et presque blessante. Elle me fait une
peine folle et je tâche d'arranger la situation mais de jour
en jour tout se complique. Marie-Laure est dévorée de
douleur et de jalousie. Tout cela est très triste et si inat-
tendu.

Comme compensation nous avons une famille
extraordinaire les Visconti dont toutes les femmes et les
hommes sont d'une beauté sublime — tous dramatiques, violents, incestueux. Bébé [1] et toi, vous les adore-
riez. Madame Visconti qui est tellement merveilleuse
qu'on voudrait se mettre à genoux devant elle est venue
habiter chez moi. La chambre est minuscule — le
désordre incomparable. Rue Vignon n'est rien en
comparaison — mais les matinées sont extravagantes —
restons jusqu'à des heures impossibles à bavarder dans
un chaos infernal. Je rentre à Paris le 6 avec les Noailles.
Et toi?

Aujourd'hui visite Milan à fond. Je voudrais aller
lundi à Parme passer la journée et la nuit. Je parle de toi
continuellement avec ML et reste tout le temps près de
toi. Je t'aime. Natalie [2]. »

Simultanément, elle rassure Jean dans un télé-

---

1. Christian Bérard.
2. Archives de Milly.

gramme : « Moi aussi, chéri, partout et toujours. »
(23 septembre) [1].

De son côté, Marie-Laure écrit au poète : « Il faut
que vous ayiez ceci dans le cœur. Natalie me répète plusieurs fois par jour les larmes aux yeux qu'elle vous aime.
Mais elle est faite pour être aimée et non pour aimer [2]. »

Cet amour, il n'arrête pourtant pas de le déclarer à
la princesse.

De Tamaris en octobre 1932 :

« Je t'adore. C'est une force invincible. Si tu
m'aimes — autre force invincible — c'est inutile et ridicule de prévoir. Nos étoiles se chargent de tout et ne
veulent pas qu'on se mêle de leur travail. J'ai
CONFIANCE. Ma pièce est belle, copiée, mise au net. Là
aussi, je ne prémédite rien. Je fais la planche. Je laisse les
étoiles tranquilles. »

L'entourage, en revanche ne les laissera pas tranquilles et Cocteau met en garde Natalie.

« Mais lorsque tu te laisses envahir, toi la grande, la
pure, la merveilleuse — par des injustices de dernier
ordre qu'on te souffle et qui viennent de je ne sais quel
égout (tu les attrappes comme des miasmes) cela je
refuse. »

Il tente alors de défendre sa cause :

« Je t'aime plus que tout. Je t'attendrai jusqu'à ce
que tes yeux s'ouvrent et qu'un ange me montre à toi tel
que je suis et non tel que tu m'imagines. »

Dans cet écheveau compliqué où trop de personnes
étrangères tentent de s'immiscer, il n'est pas à mettre en
doute qu'on se trouve en présence de sentiments forts,
réciproques, jusqu'à ce que Natalie, qui n'a probablement pas le courage de partager l'existence compliquée,

1. Archives de Milly.
2. *Idem.*

tumultueuse et souvent précaire d'un artiste, choisisse dans un sursaut de raison de rester auprès d'un époux qui accepte de fermer les yeux sur son incartade.

Si l'on en croit *la Fin du Potomak* où Natalie est devenue la princesse Fafner... Lelong, le prince et Cocteau, l'oiseleur... « Chaque fois que le prince montrait de la grandeur d'âme, la race de la princesse le lui faisait plaindre et l'éloignait de l'oiseleur. "Mon mari est sublime", disait-elle. »

A l'automne, la rupture est consommée. Natalie demeurera néanmoins peu de temps auprès de Lucien Lelong dont elle portera avec une inégalable élégance les robes. Après avoir posé pour des photographes aussi prestigieux que Cecil Beaton, Horst et Georges Hoyningen-Huene, après avoir figuré dans le célèbre magazine *Vogue*, elle accomplit son rêve : faire du cinéma.

Charles Boyer est son partenaire dans *L'Épervier* de Marcel L'Herbier en 1933. Pierre-Richard Wilhm lui donne la réplique dans *Le Prince Jean* de Jean de Marguenat, en 1934, puis ce sera Maurice Chevalier dans *Folies Bergère* de Roy de Ruth et Marcel Achard, en 1935. Après le tournage avec Harry Baur des *Hommes Nouveaux*, elle rencontre John (Jack) Wilson, l'imprésario et l'ami de Noël Coward, qu'elle épouse et, auprès de lui, elle va vivre aux États-Unis.

Le passage de la princesse dans la vie de Cocteau, les mensonges dont il la croit coupable, son abandon vont accroître la méfiance de celui-ci envers les femmes. Et l'attitude de Marie-Laure de Noailles confortera cet état d'esprit.

« Nos femmes d'Europe, grisées par l'exemple de madame Dietrich et de la grande Garbo, voulurent moins que jamais se plier au rôle subalterne et à l'esclavage. Avoir des enfants leur fit horreur. Il fallait prome-

ner un cercle de feu dramatique, une écharpe de sorti-
lèges, et ouvrir les bals en costumes d'héroïnes
d'amour. »

Pendant sa liaison avec Natalie, Jean Cocteau a
entamé une pièce ambitieuse : *La Machine Infernale*.
Comme il l'avait fait avec *Antigone* et *Orphée*, il veut
continuer de rajeunir les mythes mais, cette fois-ci, il se
penche sur Œdipe et, à travers son héros, nous livre
mieux que jamais son inconscient et son opinion des
femmes.

Reprenant la légende de Sophocle, mais en lui
apportant un style moderne, très personnel, et de
l'humour, Cocteau conte l'histoire du jeune Œdipe qui,
ignorant ses véritables origines, assassine son père, le roi
Laïus, puis épouse Jocaste, sa mère.

L'oracle d'Apollon avait déclaré à la naissance
d'Œdipe : « Il tuera son père et épousera sa mère ». Pour
déjouer cette prophétie, Jocaste, reine de Thèbes, abandonne son fils sur la montagne. Un berger le découvre et
l'apporte au roi Polybe et à la reine Mérope. Privés de
descendance, les souverains de Corinthe adoptent
l'enfant.

A la fin de son adolescence, Œdipe, à son tour,
interroge l'oracle de Delphes qui répète sa prophétie.
Afin d'éviter le drame, le jeune homme quitte Polybe et
Mérope. Sur sa route, à la croisée des chemins de
Delphes et de Daulie, il rencontre un groupe de voya-
geurs. Une dispute éclate. Menacé par un domestique,
Œdipe veut se défendre, mais son bâton déviant de sa
trajectoire assomme et tue le maître. Il s'agit, hélas, du
roi Laïus.

Plus tard, Œdipe apprend qu'un Sphinx terrifie la

population. Après avoir posé des devinettes à des jeunes gens, le monstre les tue. La reine Jocaste a promis d'épouser celui qui délivrerait Thèbes de ce fléau.

Après s'être familiarisé avec certains aspects de la vie du poète, il est intéressant de souligner que le fantôme de Laïus porte à la tempe la marque rouge vif du coup qui l'a tué. Georges Cocteau s'est tiré une balle dans la tempe lors de son suicide. De même, il est important de remarquer que, si pour les Égyptiens le sphinx est masculin et exprime la sérénité, il revêt dans la légende grecque la forme de lionnes ailées à têtes de femmes mystérieuses et cruelles, et qui refléteraient le symbole de la féminité pervertie.

Quand Œdipe rencontre le Sphinx, celui-ci a pris l'apparence d'une jeune fille vêtue d'une robe blanche. Au fur et à mesure qu'elle l'interroge, elle découvre qu'il recherche la gloire. Ne déclare-t-il pas qu'il tuera le Sphinx, « la vierge à griffes » puis, selon la récompense promise, épousera la reine Jocaste?

Après avoir repris « sa peau » de Sphinx, buste dressé sur les coudes, tête droite, bras couverts de gants mouchetés, les mains griffant le rebord du socle où il s'est installé, le monstre poursuit un magnifique dialogue avec celui pour lequel il éprouve soudain un sentiment d'amour.

« Et je parle, je travaille, je dévide, je déroule, je calcule, je médite, je tresse, je vanne, je tricote, je natte, je croise, je passe... »

Le Sphinx passe, là, en revue, tous les phénomènes de la rouerie féminine et de la castration... Pourtant, il va accorder la vie à Œdipe en lui soufflant la réponse de l'énigme dont personne n'a su venir à bout. Mais, ultime perversité, ce sacrifice ne sert qu'à précipiter le jeune homme dans le piège que lui ont tendu les dieux.

Après avoir ramené à Thèbes la dépouille du monstre, le héros épouse la reine Jocaste. Un malaise plane dans la chambre où doit se dérouler la nuit de noces... un malaise qu'aucun des protagonistes ne parvient à s'expliquer. Les réponses que fournit, plus tard, Œdipe au grand prêtre Tirésias sont encore une fois édifiantes :

TIRÉSIAS

Aimez-vous la reine?

ŒDIPE

De toute mon âme.

TIRÉSIAS

J'entends : aimez-vous la prendre dans vos bras?

ŒDIPE

J'aime surtout qu'elle me prenne dans les siens.

TIRÉSIAS

Je vous sais gré de cette nuance. Vous êtes jeune Œdipe, très jeune. Jocaste pourrait être votre mère. Je sais, je sais, vous allez me répondre...

ŒDIPE

Je vais vous répondre que j'ai toujours rêvé d'un amour presque maternel.

Puis à Jocaste, il dira :

« Un visage de jeune fille, c'est l'ennui d'une page blanche où mes yeux ne peuvent rien lire d'émouvant; tandis que ton visage! Il me faut les cicatrices, les tatouages du destin, une beauté qui sorte des tempêtes. »

Et Jocaste, n'avait-elle pas déclaré à Tirésias, avant même de rencontrer Œdipe :

« Les petits garçons disent tous : "Je veux devenir un homme pour me marier avec maman." Ce n'est pas si bête, Tirésias, est-il plus doux ménage, ménage plus doux et plus cruel, ménage plus fier de soi, que ce couple d'un fils et d'une mère jeune? »

Des années s'écoulent au cours desquelles les dieux s'amusent de l'orgueil et de l'ignorance des humains. En apprenant par un messager la mort du roi Mérope, qu'il croit être son vrai père, Œdipe est certain d'avoir triomphé de l'oracle. Toutefois, telle la foudre, la vérité est divulguée au couple. Après en avoir pris connaissance, Jocaste se pend avec son écharpe et Œdipe se crève les yeux.

On ne corrige pas le destin qui nous est imparti, souffle Cocteau à travers les personnages qui, durant l'été 1932, ont pris possession de lui.

Dans ses papiers personnels figure un dessin du Sphinx, tracé de sa main et sur lequel a été collée, à la place de la tête, une photographie de Georges Hoyningen-Huene représentant le profil de Natalie Paley. Au-dessus, le poète a écrit : « Silence. Ici, j'ordonne », une phrase que prononce le monstre au cours de l'acte II. La princesse s'est-elle fondue au moment de ce montage, qui date de 1932, avec « la chienne ailée » ? Sa route s'est maintenant écartée de celle de Jean qui, pendant qu'elle se familiarise avec le cinéma, remporte, en 1934, un énorme succès à la Comédie des Champs-Élysées où Louis Jouvet a monté *La Machine infernale* dont on doit les décors à Christian Bérard. Les costumes sont de Chanel et le rôle d'Œdipe est joué par Jean-Pierre Aumont.

Jean Cocteau vient de rencontrer Marcel Khill, un kabyle né Mustapha, Khalilou, Belkaam, ben Abdelkader, auquel il a confié, dans la pièce, le rôle du messager de Corinthe. Avec ce beau garçon de vingt et un ans, il renoue avec les amours homosexuelles. Mais, cette fois-ci, il ne s'est pas attaché à un émule de Radiguet. Contrairement à Jean Desbordes, Marcel Khill n'a aucune prétention littéraire. Il se contente d'être attirant, dévoué, gentil et de fumer l'opium qui, après une troisième cure de désintoxication en 1933, est réapparu dans l'existence du poète.

Celui-ci choisit bientôt de faire de son nouveau protégé le « Passepartout » qui l'accompagnera dans *Le Tour du Monde en 80 jours* qu'il a décidé d'entreprendre avec le soutien du journal *Paris Soir*. N'a-t-il pas, depuis l'enfance, quand il assistait au Châtelet au périple imaginé par Jules Verne, rêvé de relever le défi lancé par Philéas Fogg : parcourir la planète en moins de trois mois... En même temps, il approchera les mythes grecs dont il s'est fait le chantre.

Après avoir rédigé *Portraits-Souvenir*, une délicieuse série d'articles dans lesquels il raconte sa famille, Maisons-Laffitte, dévoile ses éblouissements d'adolescent et décrit avec justesse, tendresse, les personnages qui lui ont insufflé le goût de l'art et de l'écriture, il se lance dans une aventure qui, peut-être, lui fera oublier ses soucis de santé et d'argent.

Rome, la nuit, constitue la première étape : « Je retrouve Le Forum, son désordre de ville cambriolée. » Deux jours plus tard, les deux amis arrivent à Athènes. « Rome, la ville lourde, Athènes, la ville légère. Rome s'enfonce. Athènes s'envole. A Rome, tout est attiré vers le bas. A Athènes, tout est attiré vers le haut, palpite, muni d'ailes, et il faut les couper aux statues comme le firent les Grecs à celles de la Victoire, pour les empêcher de prendre leur vol. » Après une escale à Rhodes, ils débarquent en Égypte ; à Alexandrie, tout d'abord, puis ils s'acheminent vers le Caire où, à dos de chameau, ils rendent une visite aux Pyramides et au Sphinx. « Inutile de l'interroger, il est une réponse. » Il y aura ensuite

Louxor où, quinze années plus tôt, fut découvert le trésor de Toutânkhamon. Sur un nouveau paquebot, ils gagnent l'Inde et Bombay. « Les cages empilées, la dentelle des chalets, bleu pâle, rose pâle, pistache, les huttes lacustres, les cabanes que notre enfance construisait dans les branches, alternent avec des façades surchargées de motifs en relief et en couleurs. » Les femmes qu'ils croisent dans la rue ont « des narines cloutées de diamants, elles sont enveloppées d'un voile dont la bande d'or les partage en biais du haut en bas, comme des reines de jeux de cartes. » Après un arrêt à Calcutta, ils gagnent Rangoon. « A gauche et à droite, des écuries de cerfs-volants, les coulisses d'un théâtre de cuisines, de barbiers, de jeux clandestins et de métiers incompréhensibles. » L'opium est là, au détour d'une ruelle. « Nos trotteurs tournent et déposent les brancards en face d'une maison aux affiches écarlates. Porte à volets. Je la pousse et nous nous trouvons de plain-pied dans une caserne de songes. Verne parle de "dangereuses tabagies" mais le tabac n'infecte jamais ces lieux où sur des bat-flanc aux nattes patinées d'or brun, séparés par les hautes lampes qui constellent la pénombre, flottent des corps habités d'un nuage. » Kuala Lumpur, Malacca, Singapour... l'Orient se livre et se dérobe.

Arrivé à Hong Kong, Cocteau s'émerveille des « filles élégantes, d'une beauté d'astre, d'une démarche lointaine, en fourreaux à col raide, portant la natte longue ou les boucles courtes, des perles aux oreilles, gantées jusqu'au coude de guipure blanche, un éventail de plumes de coq à la main. »

A bord du paquebot qui l'emporte vers le Japon, Jean Cocteau apprend la présence de Charlie Chaplin parmi les passagers. L'acteur est accompagné par Pau lette Godard. Très vite, un quatuor se forme, qui ne se séparera plus jusqu'à la fin de la traversée. Les deux hommes, ne parlant pas le même langage, communiquent par des gestes, des mimiques. « On imagine la pureté, la violence, la fraîcheur de ce rendez-vous extraordinaire et ne relevant pas que de nos horoscopes. » L'un et l'autre ne tardent pas à découvrir que leur véritable passion est le travail. Chaplin ne songe qu'à son œuvre à venir et, quoique certains s'acharnent à penser le contraire, Cocteau est tout sauf un dilettante. Au cours de ce périple épuisant, il ne cesse de prendre des notes et de rédiger des articles qu'il envoie avec régularité à *Paris-Soir*. Il écrit partout, sur des feuilles de journaux, sur des menus, des programmes puis, au cours de son survol des États-Unis, sur les papiers à lettres des compagnies d'aviation.

Les jours s'envolent. Il est temps de retrouver la France. Ultime étape : New York, « un jardin de pierres » où « les gratte-ciel ont la raideur légère des rideaux de tulle ».

Néanmoins, il ne cherchera pas à y rencontrer la princesse Paley qui, pourtant, tout au long de sa vie, demeurera une nostalgie, une blessure. Ne notera-t-il pas au cours de cette même année 1936 sur un cahier personnel :

« J'ai adoré la princesse et je crois bien que je l'adorerai toujours mais elle n'a pas compris que je voulais cet enfant d'elle. Cela changerait son idée d'être un objet d'art. »

« Objet d'art ! » Cocteau n'a pas tort d'employer ce mot. Natalie Paley est, en effet, une œuvre d'art. Elle ressemble aux déesses qui peuplent la vie et les songes du poète.

Une lettre de Marie-Laure de Noailles écrite de la

Villa d'Este, le 31 septembre 1932, le confirme. Évoquant la princesse qui était alors en villégiature avec elle, elle déclarait :

> « C'est une plante merveilleuse à laquelle il faut pour vivre les hommages, les miroirs flatteurs et les lustres. Elle le sait. Ici tous les hommes sont à ses pieds. Elle est protégée par son amour pour vous et par le fait qu'elle est un chef-d'œuvre [1]. »

Ressemblant à Jean Cocteau sur bien des points, la princesse en est son parfait miroir. Natalie est une intuitive, une contemplative ; son charme et sa douceur sont infinis. Elle partage son attirance pour l'inexprimé, l'inexplicable, la magie, et, comme lui, elle s'apparente aux êtres qui, gardant le goût de l'enfance et du secret, ne vieillissent pas. Par contre, si son sens de l'adaptation et sa souplesse sont indiscutables, elle repousse délibérément ce qui risquerait de mettre en péril son propre équilibre et un choix d'existence. Vivre avec Jean Cocteau, ce serait accepter l'attirance du poète pour les jeunes gens, supporter ses éternels problèmes financiers et, surtout, l'isolement où l'enferme sa création. Natalie souhaite, pour sa part, rester en prise avec la réalité... ce qui signifie retourner auprès de Lelong et vers la sécurité dont elle a tant besoin après avoir connu la révolution russe puis l'exil.

Malgré leur rupture, Cocteau n'a pas renoncé à lui dédier *Chercher Apollon*, l'un des poèmes contenus dans le recueil *Allégories* et ils n'en resteront pas là, car plusieurs rencontres vont s'échelonner au cours des années à venir. Des lettres de Cocteau en font état :

> Février 1933 : « Qui donc a su que je te voyais après notre entente ? N'était-il pas naturel que je m'effraye — moi dont le rêve sur terre est d'avoir un fils de toi... »

---

1. Archives de Milly.

Une nouvelle fois, il se justifie :

« Les gens pensent à l'opium et pendant cette piste passent à une autre. C'est peu lorsqu'on s'adore comme je t'adore et c'est dur de s'entendre dire que tu te trouves rejetée, seule au monde. »

Cette sensation de solitude disparaîtra lorsque Natalie aura traversé l'Atlantique pour vivre un second mariage à New York. A peine installée elle y côtoie tous les talents dont les noms brillent sur les affiches de Broadway. Et, rare privilège, elle devient la confidente de Noël Coward, qui lui lit en avant-première ses dernières pièces, ainsi que du musicien Cole Porter.

Cette nouvelle terre d'accueil ne relève cependant pas du conte de fées. John Wilson aime l'alcool et cette dépendance ne facilite pas la relation du couple. En compensation se présente tout de même pour Natalie le poste d'assistante du grand couturier Mainbocher, l'homme qui va dessiner pour la duchesse de Windsor sa robe de mariage et qui, toujours pour celle-ci, créera le fameux bleu Wallis.

Malgré les années, la beauté de Natalie ne se fane pas. Si l'on continue d'admirer son élégance lors de ses apparitions en public, on ne manque néanmoins pas de remarquer son expression rêveuse. Songe-t-elle au passé ou à la visite qu'elle a rendue à Jean Cocteau après qu'il se fut installé à Milly ? La lettre qu'elle lui a adressée du *Queen Élisabeth,* quand le paquebot la ramenait vers New York, prouve que, si le temps a peut-être cicatrisé certaines blessures, la tendresse est toujours là, présente dans chaque mot.

« J'emporte de cette journée à Milly un souvenir exquis et plein d'émotion dont je te suis infiniment reconnaissante. Voilà mon Jean d'autrefois, d'aujourd'hui et de demain ce que je voulais te dire.

Écris-moi un mot quand tu as le temps, ne laissons pas les liens d'affection se détendre. Je t'aime, tu le sais [1]. »
A cette missive, il répond :

> « Ta visite à Milly a laissé ton éclairage dans la maison et je l'aime de t'avoir plu. »

La princesse a beau voguer maintenant sur des eaux en apparence plus calmes, elle demeurera pour la postérité « la femme choisie entre toutes », celle à qui son amant-poète écrivait le 16 septembre 1932 :

> « Figure-toi que je veux écrire mes mémoires sous cette forme : une longue lettre à Natalie (impubliable de notre vivant et du vivant des personnes dont je parle).
>
> Mais un jour — si je reste intact — nous vivrons ensemble entre les mains des amis inconnus [2]. »

---

1. Archives de Milly.
2. La correspondance de Jean Cocteau à Natalie Paley a été publiée en extraits dans un catalogue de vente aux enchères. (4 décembre 1991, Drouot).

Louise de Vilmorin
(1902-1969)

Louise de Vilmorin est peut-être la femme qui, parmi les amies de Jean Cocteau, lui ressemble le plus. Même milieu, même éducation. Les dieux se sont penchés sur leurs berceaux pour leur accorder les dons d'élocution et d'écriture. Quant au reste... le charme infini, l'élégance, ils ont su, eux-mêmes, se les forger.

Louise est née, le 4 avril 1902, au sein d'une famille qui comptera six enfants, deux filles et quatre garçons : Henry, Olivier, Roger et André. Si Louise n'éprouve pas un grand attachement pour sa sœur aînée Mapie, ses frères, par contre, demeureront au fil de son existence ses plus précieux trésors.

Leurs jeunes années s'écoulent entre Paris dans un grand appartement, rue Boissière, et la propriété que possèdent les Vilmorin à Verrières, près de Versailles. Très jeune, Louise manifeste une attirance prononcée pour la nature qui devient un royaume où elle peut en toute liberté bâtir ses féeries, car voilà encore une attitude qu'elle partage avec Cocteau.

Elle a quinze ans lorsque décède son père Philippe de Vilmorin qui dirigeait les célèbres graineteries portant son nom et que lui avaient léguées ses aïeux. Ce n'est, hélas! pas chez sa mère qu'elle trouve un réconfort, car Mélanie ne s'est jamais préoccupée du sort de ses enfants. Son temps est consacré à plaire aux hommes et au plus grand nombre. Louise, qui la jugera avec sévérité, l'imitera pourtant dans cette démarche car, son tour venu, elle se révélera une redoutable séductrice. Mais n'est-il pas logique que le regard maternel ne lui ayant jamais renvoyé le reflet de sa propre personne, elle cherche à se rassurer en mesurant l'étendue de son pouvoir sur ceux qui, jusqu'à ce qu'elle atteigne l'âge adulte, auront été ses rivaux auprès de la femme dont elle quêtait l'attention?

La maladie, une arthrite tuberculeuse qui, pendant trois ans, tient Louise à l'écart d'une existence normale, accentue certainement un narcissisme dont elle deviendra la victime. En effet, si elle prend l'habitude de se jouer des cœurs, le sien ne sortira pas indemne des aventures qu'elle nouera au gré de ses élans. Immobilisée dans la villa familiale de Saint-Jean-de-Luz, elle reçoit les fréquentes visites de ses frères et de leurs amis. Antoine de Saint-Exupéry fait partie de la bande. Il tombe amoureux de Louise qui, après une ébauche de fiançailles, va se lasser de cette passion à laquelle elle se sent incapable de répondre. Éconduit, Saint-Exupéry tentera de se consoler en épousant une autre femme mais, jusqu'à l'accident d'avion qui lui coûtera la vie, il n'oubliera pas la jeune fille qui préférait la légende à la réalité.

Deux abbés ont forgé l'éducation spirituelle et intellectuelle de Louise : l'abbé Tisnés, précepteur des enfants Vilmorin, et l'abbé Mugnier que l'on invite souvent rue de la Chaise, dans l'appartement où s'est installée Mélanie au début de son veuvage.

Le 3 janvier 1922, il écrit dans son journal :

« Dîné chez les Vilmorin, rue de la Chaise. Ce qui fut tout à fait délicieux, c'est mon tête à tête après le repas avec Loulou de Vilmorin. Elle me parle du livre de Bédier, *Tristan et Iseult*, qu'elle lit, relit, qu'elle tient de son fiancé. Iseult est un "rêve". Elle aurait voulu être Iseult.

Sa figure blanche, mais expressive, sa voix prenante, son élocution pleine de grâce, ses jolies gestes, tant de naturel vibrant me tenaient là, près d'elle, sous le charme. Elle ne s'entend pas avec sa mère dont le caractère laisse à désirer.

J'enviais cette sensibilité personnelle qui sait si bien se traduire. Cette imagination qui ne cherche pas au loin, mais se contente de ce qui est à sa portée et le transforme ; Loulou a dix-neuf ans : elle m'avouait qu'elle préférait à des manifestations extérieures, découvrir par une attention quelconque, qu'on pensait à elle. Elle disait aussi les chèvrefeuilles qui avaient le parfum de l'endroit où on les avait cueillis. »

Un an plus tard, le 8 juillet 1923, il ajoute :

« Été voir Loulou de Vilmorin au lit, de nouveau et pour longtemps. Elle reste aimable et vivante. Elle m'a dit que l'intérieur était un enfer et combien sa mère était incompréhensible d'équilibre, d'égoïsme et de cruauté. Alors elle est obligée de tirer tout d'elle-même pour se soutenir. Elle a une si grande sensibilité, cette enfant. Une couleur agit sur elle comme un son. Elle va écrire. Je l'ai encouragée. Elle lit des vers. De sa chambre, elle ne voit pas le ciel. »

Dans ces deux annotations de l'abbé Mugnier, tout est résumé. Une vie intérieure profonde et vibrante, le besoin de s'évader, par la création, d'un désarroi causé par la maladie et un quotidien qui ne lui convient pas. Louise a jeté les fondements de son avenir. Il ne lui reste plus qu'à l'accomplir.

Elle va d'abord prendre une revanche sur sa mère et de la plus magistrale façon. Depuis 1917, un Américain, Henry Leigh Hunt s'intéresse à Mélanie. Il est le fils d'un ancien ami de Philippe de Vilmorin, James Leigh Hunt qui, à une solide fortune, ajoute des plantations en Afrique et en Asie, ainsi que des mines de métaux précieux en Corée.

Après l'armistice, Henry est chargé pour le compte de l'American Relief d'aider l'Europe à se relever de la guerre. Ses séjours en France sont fréquents et c'est à Saint-Jean-de-Luz qu'il rencontre Louise. Henry possède de nombreux atouts pour qu'elle daigne le remarquer au milieu de ses nombreux prétendants. Sa maturité (il approche de la quarantaine) ne peut la laisser indifférente. Elle a besoin d'un soutien masculin pour remplacer son père disparu. De plus, Henry est séduisant. Enfin, fait non négligeable, il ne manque pas de moyens financiers et surtout, inestimable délice, elle le vole à Mélanie...

Le mariage est célébré en l'église de la Madeleine, le 7 mars 1925, Louise a vingt-trois ans. Sa maladie lui a laissé une légère claudication que sa grâce naturelle fait vite oublier. Elle possède l'apparence physique des fées qu'elle affectionne. Grande, élancée, fine, elle ne semble pas appartenir à la terre dont elle subit néanmoins la loi. Son visage est harmonieux, son regard contient des rêves inavoués et nul ne reste insensible à son sourire.

L'Amérique est une déception. Que fait-elle sinon s'ennuyer à Las Vegas où son beau-père songe à implanter, au milieu d'un désert hostile, une ville qui attirera les foules. Appelé par des affaires à travers le pays ou au Brésil, Henry est souvent absent. Louise se surprend à regretter la France. Ses frères lui manquent cruellement, André, surtout, le plus jeune, le confident. Pour se distraire, elle joue de la guitare et peint. Occupations de courte durée car, sa santé ne la laissant pas en paix, elle doit s'installer dans un sanatorium de Santa Fé.

En 1927, elle rentre à Paris qui, après des années d'exil, lui apparaît comme un paradis. Elle y vit son premier adultère avec Luigi de Chatillon. Ce n'est qu'un début car de nombreux amants lui succéderont. Louise ne parviendra, en effet, jamais à se fixer. A peine une aventure s'ébauche-t-elle qu'elle s'en lasse. Semblable au papillon, elle butine mais son cœur ne sera jamais comblé. Pas même par la maternité car, après avoir rejoint son mari en Amérique du Sud, elle entame sa première grossesse.

En trois ans, Louise donnera naissance à trois filles : Jessie, Alexandra et Héléna... mais, curieusement, elle reproduira avec ses enfants ce que lui a infligé sa mère. Louise n'aura pas la fibre maternelle et, ainsi, démontrera qu'elle est incapable d'éprouver des sentiments durables pour d'autres personnes que ses frères. A-t-elle perçu les trois fillettes comme des rivales potentielles et aurait-elle agi différemment s'il s'était agi de garçons ?

Sa vie durant, Louise aura la réputation de mal supporter la concurrence féminine. Il lui faut la première place et elle s'y emploiera, ignorant ou rejetant tout ce qui pourrait occasionner une ombre ou un quelconque dérangement.

En 1934, elle n'a plus grand chose à partager avec Henry et, après des aller et retour entre la France et les

États-Unis, un divorce est envisagé. Il ne sera prononcé qu'en 1937, laissant à leur père la garde des trois enfants. Mais Louise organise déjà sa future existence. Au cours d'un séjour à New York, elle a rédigé un roman dont elle donne le manuscrit à son frère André afin qu'il lui trouve un éditeur. André de Vilmorin connaît André Malraux dont Gaston Gallimard publie les textes. Malraux est marié à Clara, toutefois il prendra vite l'habitude de rejoindre Louise à l'hôtel Pont-Royal. Apprenant au bout de quatre mois qu'elle mène, parallèlement à la leur, une autre aventure avec l'Allemand Friedrich Sieburg, il prend l'initiative de la rupture.

Louise se console avec la publication de *Sainte Unefois*, en septembre 1934; un roman léger, rapide, fantaisiste et ironique qui, s'il n'emporte pas l'adhésion de la critique parisienne, enthousiasme Jean Cocteau.

Il se repose en Suisse chez la mère d'Igor Markévitch lorsqu'il découvre la prose de Louise et, aussitôt, il lui envoie une missive d'une ferveur excessive :

« Mais je ne savais pas que vous aviez du génie. Je vous adore. Cocteau. »

Le moment est sans doute propice car, oisif, le poète a du temps pour se laisser envahir par le langage de cette toute jeune femme qu'il sait belle, intelligente et brillante. Prompt à fantasmer, il cherche à se persuader que Louise pourrait remplacer Natalie Paley. Ne possèdent-elles pas la même délicatesse? Sans être consultée, Louise se voit endosser le rôle de fiancée.

« Je pense à vous, je rêve à vous... J'ai peur d'être amoureux de vous. »

Puis : « Si vous me manquiez, je mourrais. »

Quel désarroi Cocteau cache-t-il derrière semblables paroles? Dans quelle solitude se tient-il enfermé?

A-t-il déjà oublié les déceptions que lui ont infligées les femmes de son entourage ? Se sent-il, malgré tout, privé de leur compagnie ? Anna de Noailles est morte, un an plus tôt. Misia Sert et Coco Chanel se sont éloignées. Valentine Hugo lui a préféré les surréalistes. Marie-Laure de Noailles l'a trahi. Quant à Natalie Paley... tout est dit. Apparaît Louise avec son brio, sa fantaisie, Louise qui, par son œuvre, lui insuffle l'envie d'espérer qu'une femme pourrait peut-être le deviner, l'accepter et l'aimer !

Louise est pour le moins étonnée par ces lettres, mais l'intérêt que lui porte son interlocuteur la flatte et elle n'oublie jamais de lui répondre.

« Elle ne savait pas très bien qui était Jean Cocteau, déclarera André de Vilmorin. Elle ne connaissait que sa gloire, les dévouements qu'il suscitait, les jalousies qu'il inspirait aux médiocres, et elle pouvait deviner la grandeur de l'homme, sa sincérité et sa générosité. »

N'a-t-on pas souvent répété que les artistes sont dotés d'un sixième sens ? Malgré la distance et le fait qu'ils ne sont jamais croisés, même si leurs familles se connaissent, Jean et Louise nouent une amitié qui ne s'amenuisera pas avec les années. Pour l'heure, néanmoins, le ton reste aux déclarations enflammées.

« Oh ! Si j'étais riche ! Je me mettrais à genoux. Je vous suggérerais de bien vouloir de moi, de nous marier, de vivre ensemble, ne riez pas, ne vous moquez pas, ne pensez que je me couvre de ridicule et que je vais vite en besogne. La chance s'attrape au vol et j'ai vu autour de votre cher visage que tous les malaises, tous les mensonges, tous les fantômes pourraient disparaître grâce à votre belle étoile. »

Tour à tour, Louise est une sœur, une sainte, un recours.

« Faisons entre nous le soleil et l'éclairage d'un arbre à cheveux d'ange. Ne m'abandonnez pas seul au monde. »

Lorsqu'au milieu de cette correspondance qui s'étire entre septembre et décembre 1934, Louise cherche à connaître la place qu'occupe Natalie Paley dans le cœur de son correspondant, il répond sans détours :

« Ma bien-aimée s'obstine à être folle, folle et cruelle, et à vivre dans la faute d'amour. Je lui demandais d'être légère, légère comme la neige, et de continuer à tomber autour de moi. Mais elle se montre légère — hélas ! — comme son aïeule qui a tué Pouchkine (joli travail) et en l'honneur duquel on pourrait changer l'orthographe du vers de Hugo :

— Elle aimait trop le bal, c'est ce qui l'a tuée.

S'il arrive que vous la rencontriez, aimez-la, dorlotez-la, sauvez-la de ce milieu de crime et de cinématographe. Pourquoi donc a-t-elle cru ces gens au lieu de me croire ? Et si elle me pensait menteur, pourquoi n'a-t-elle pas fait en sorte que mes mensonges devinssent la vérité même ? Voilà. C'est une réponse à votre demande : "Comment va votre bien-aimée ?"

Et j'ajoute que la bien-aimée était devenue sœur et que je vous offre sa place. Ma sainte, répondez-moi que vous acceptez ce rôle de bien-aimée au pays des neiges. »

Après avoir chéri le visage de Louise à travers des photographies, l'heure de la vraie rencontre va sonner. Elle a lieu à Paris, dans l'hôtel Madeleine-Plaza où s'est installé Cocteau, après avoir abandonné son appartement de la rue Vignon.

« J'ai connu Louise de Vilmorin, seule. L'état-major fraternel ne l'encadrait pas. Je me trouvais donc en face d'une grande jeune femme, d'une grande jeune fille ravissante, avec une voix grave et des gestes un peu dégingandés de collégien, un rire qui fronce le nez et retrousse une lèvre cruelle sur des dents qui miroitent, une simplicité parfaite, confiante, inculte... et du génie [1]. »

Un génie qu'il s'emploie à défendre dans un article vantant les qualités littéraires de *Sainte Unefois*.

« Un livre qui apparaît au lieu de paraître, au lieu d'une parution, une apparition ; un livre qui n'est pas là et qui est là, tout à coup, comme sur une table spirite un "apport". Une femme debout au seuil de cette époque nouvelle qui arrive au seuil de ce nouvel âge où je ne m'attendais guère à rencontrer une femme, je l'avoue [2]. »

Maintenant qu'ils se sont découverts, les fantasmes amoureux de Cocteau ont disparu. Louise va, à l'avenir, occuper auprès de lui sa place véritable, celle d'un *être qui pratique* l'acte d'écrire, d'un être qu'attirent les univers oniriques et qui, tout comme lui, vit entre rêve et réalité. Elle dit affectionner les légendes ! Il lui en offrira avec cette pièce dont il vient de rédiger le premier jet. L'appellera-t-il *Blancharmure* ou *Les Chevaliers de la Table ronde* ? Et ce personnage d'Iseult auquel elle se dit profondément attachée, ne le fera-t-il pas revivre un jour, sous les traits de Nathalie, dans *L'Éternel Retour* ?

Immergée dans la vie parisienne, Louise partage bientôt les amis du poète : Auric, Poulenc, les Bourdet, Blanche de Polignac, Igor Stravinski... On la réclame, on la reçoit... pas toujours avec plaisir car, si les hommes tombent sous son charme, les femmes la redoutent.

Avec Jean Hugo, elle entretient une courte liaison, le temps néanmoins de le rejoindre deux fois, en 1935, au Mas de Fourques.

Dans *Le Regard de la Mémoire*, il raconte son arrivée en gare de Lunel :

---

1. *Mes Monstres sacrés*.
2. *Idem*.

« Du dernier wagon, qui était presque en rase campagne, descendit une femme très pâle, qui boitait légèrement et tenait à la main une guitare. C'était Louise de Vilmorin. [...] Le soir, elle chanta en s'accompagnant de sa guitare, comme les jeunes filles d'aujourd'hui; mais comme celles d'hier, elle avait toujours avec elle "son ouvrage" et quelque travail d'aiguille ou de crochet. »

Si l'amour semble absent de leur relation, l'amitié les empêchera de se perdre de vue lorsque Gaston Gallimard occupera une place qui dépassera celle d'éditeur dans la vie de son auteur. Cette fois-ci, Louise se croit sincèrement éprise. Elle semble même faire des scènes de jalousie qui lasseront son amant. Lorsqu'il la quittera, elle s'avouera malheureuse. Mais, malgré ses dires, les ruptures chez Louise sont vite remplacées par de nouvelles passions. Et, auprès de Paul Palffy, la romancière éprouvera enfin la sensation de vivre une histoire qui pourrait rivaliser avec celles qu'elle accorde à ses héroïnes, une histoire à sa mesure.

L'élu appartient à la grande noblesse hongroise. Déjà marié quatre fois, il peut rivaliser avec Louise quant à l'instabilité affective. Mais de cela, elle se moque éperdument, ne se préoccupant que de la séduction de celui qui s'apparente au Prince Charmant.

Elle le rejoint à Vienne et c'est au retour de cette escapade sentimentale que meurt Mélanie de Vilmorin. Ce décès ne va-t-il pas libérer la jeune femme du poids que représentait une mère pour laquelle elle n'éprouvait aucune tendresse et qu'elle voyait rarement? Ses pensées sont pour l'instant ailleurs, tournées vers l'arrivée prochaine, à Paris, de celui qu'elle appelle « Pali ». La séparation n'a pas amoindri les sentiments de Louise, au contraire. Conquise, elle suit son amant dans les cabarets où chantent les tsiganes. Il lui parle de son château de Pudmerice et, déjà, elle s'imagine en Europe centrale auprès de celui qui sait si bien la troubler.

Lorsque la nouvelle de leur mariage, en décembre 1937, parvient aux oreilles de l'abbé Mugnier, il s'empresse d'écrire dans son *Journal* :

« Hier été voir, au bout du jardin, madame Gallimard. Elle m'a appris ce que j'avais entendu dire vaguement, c'est que Loulou de Vilmorin s'était remariée. Madame Gallimard m'a dit le nom de son nouveau mari. C'est Palffy, un grand seigneur hongrois qui n'a pas de fortune mais possède un château et des terres importantes. Il s'est déjà marié plusieurs fois, a six enfants, mais Loulou a dit à ma voisine qu'elle habiterait un château, grande chambre. Cette fois ce sera le roman vécu, le roman lointain, non plus le fauteuil-duc mais le fauteuil-prince. »

Fauteuil-duc, fauteuil-prince... ces termes constituent un clin-d'œil au deuxième roman de Louise, *La Fin des Villavide* où un magnifique fauteuil tient lieu d'héritier au duc de Villavide. Avec ce texte, Louise a composé une satire de l'aristocratie pour laquelle la transmission du nom et du patrimoine revêt une si grande importance.

Avec Cocteau, Louise partage le goût des objets. Chez leur amie, Madeleine Castaing, ou au gré de leurs promenades, ils n'hésitent pas à acheter ce qui les enchante : animaux fabuleux, licornes, miroirs. Leur choix est éclectique, mais toujours relié à un univers théâtral ou fantasmagorique.

Il était donc prévisible que Louise s'entende à merveille avec l'ami et le complice de Cocteau, Christian Bérard, dit Bébé, qui, tel un magicien, matérialise sans la trahir la féerie qu'affectionne leur trio.

Enfant, Christian Bérard avait été le souffre-douleur

de ses camarades de collège qui lui reprochaient son physique corpulent, sa maladresse et une sensibilité féminine. Seule sa mère le comprenait, mais elle mourut alors qu'il était encore adolescent. Pour lutter contre le chagrin, la misère morale, il échafaude alors des mondes où rien de cruel ne peut l'atteindre ; de son père architecte, il a, en effet, hérité d'un don pour le dessin qu'il cherche à parfaire en se familiarisant avec la peinture italienne. Bérard aurait été capable de devenir un grand peintre, mais sa nature faible, tournée vers des plaisirs immédiats, le besoin d'argent le poussent vers des travaux plus éphémères comme les décors pour le théâtre et le cinématographe. Partageant l'opinion de Radiguet sur l'importance du classicisme, il a le courage de tenir tête au cubisme et il a raison car le baroque va revenir en force. L'œuvre de Cocteau ne contrariant en rien sa démarche, bien au contraire, il s'emploie, après leur première rencontre à Villefanche, à restituer sur scène ou sur l'écran les mythes chers au poète.

Quand Louise, devenue la cinquième comtesse Palffy, s'approche du château de Pudmerice, bâti sur les contreforts des petites Carpathes, elle éprouve la sensation de pénétrer dans une toile de Bérard. Tout est réuni... la neige, le traîneau, les grelots des chevaux, les tours qui se profilent entre les grands sapins... A l'aide d'une baguette magique, une fée l'a rendue habitante privilégiée de ce lieu qui l'attendait. A Pudmerice, tout lui parle, les rites, les traditions. Son amour pour la nature est comblé. Quant au reste, l'amusement... Pali et Louise reçoivent leurs amis du monde entier dans ce domaine où le confort est roi. Ce second exil est bien différent de son aventure auprès de Henry Leigh-Hunt car, loin de ses racines, loin de ses attaches, Louise est, cette fois-ci, heureuse.

Le 12 mai 1938, elle écrit à Jean Cocteau :

« Mon Jean chéri,

Que ça a été bon de recevoir ta lettre écrite sur ton cœur. J'aurais voulu y répondre le jour même, mais quand elle est arrivée j'étais déjà un peu malade, et depuis je suis restée au lit avec bronchite, fièvre, taches de toutes couleurs voltigeant dans ma chambre et je suis aujourd'hui encore toute molle et chavirée. Je t'écris "en vitesse" avant de partir pour Vienne où je vais voir un docteur. Si tout va bien, et tout ira bien, car grâce à ma mauvaise santé de fer il ne m'arrivera jamais rien de grave, j'arriverai en France le 20 ou 21 pour une dizaine de jours. Je te téléphonerai aussitôt. J'habiterai Verrières, avec André. Pali ne pourra sans doute pas venir. Il est toujours retenu ici par une chaîne de tracas mais nous sommes heureux l'un et l'autre, et comme nous sommes seuls nous sommes très importants l'un pour l'autre. Je l'aime, il m'aime, chaque promenade est un aveu, chaque retour une promesse, et nous rions quelquefois.

Cette lettre est juste pour te dire que je te remercie et que je t'aime toujours mon Jean chéri. J'ai lu que la pièce de Jean Desbordes avait du succès. J'ai pensé à lui, et à toi, parce que ça doit te faire plaisir.

Mille gros baisers de tout cœur mon chéri ta Louisette [1]. »

Mais a-t-elle oublié que tout est éphémère, y compris le bonheur ? Le décès de la mère de Pali empêche bientôt toute réjouissance et l'existence à Pudmerice devient terne. Une page se tourne et un retour en France est envisagé puis mis à exécution.

Un recueil de poèmes *Fiançailles pour rire* est publié par la NRF mais l'intérêt des Français est tourné vers la menace que constitue l'Allemagne. La Bohème et la

---

1. Archives de Milly.

Moravie sont envahies. La guerre a débuté et plus personne ne songe à s'installer auprès des Palffy revenus à Pudmerice. Pali reçoit de l'occupant allemand l'ordre de ne pas quitter ses terres, sauf pour séjourner en Hongrie ou en Roumanie. Louise choisit, alors, de s'installer à Budapest dans l'appartement qu'y possède sa belle-famille... mais ne se contente pas d'y attendre son mari. Et la personne de Tommy Esterhazy, un nouvel amant entre dans son existence. Pour ajouter du piment à la situation, il est l'époux d'une ex-femme de Pali. Circonstances atténuantes, le comte Palffy délaisse depuis un certain temps Louise pour une rivale. On commence toutefois à jaser et le scandale ne va pas tarder à éclater.

Parallèlement à cette histoire, Roland et Denise Tual envisagent de produire pour le cinéma le dernier roman de Louise *Le Lit à colonnes* qui, en 1941, a connu en France un grand succès. Mais les choses se compliquent car les dialogues écrits par Charles Spaak ne plaisent ni à l'auteur ni à ses frères qui songent à Cocteau pour les remanier.

Dans son journal, il écrit à propos de son amie :

« Il y a dans le froncement assez cruel du nez et de la lèvre supérieure de Loulou quand elle rit et montre ses dents une ressemblance avec le Jean Bourgoint de l'époque où il m'inspirait le Paul des *Enfants terribles* [1]. »

Rien ne satisfaisant Louise dans l'entreprise du *Lit à colonnes* où, pourtant, Jean Marais tient le premier rôle, Cocteau tente de lui expliquer la différence entre la langue parlée sur un écran et la langue écrite... Mais rien n'y fait, la romancière se sent trahie.

« Ce soir, dîner avec Loulou qui n'arrive pas à

---

1. *Journal sous l'Occupation.*

comprendre que le cinéma tel qu'on le pratique, entraîne une histoire ailleurs et qu'une fois cette dérive admise le tout est de savoir si l'atmosphère est bonne ou mauvaise [1]. »

Mais qu'a fait Jean Cocteau pendant la période « Europe Centrale » de Louise. Dès 1937, il s'est préoccupé de chercher un théâtre susceptible d'accueillir *Les Chevaliers de la Table ronde* dont il souhaite diriger la mise en scène. C'est cependant son adaptation d'*Œdipe Roi* qui trouve plus rapidement une scène. Pas un instant, Cocteau ne songe que la préparation de ce spectacle va donner lieu à l'une des rencontres capitales de son existence. La troupe des Jeunes Comédiens 37 a proposé au débutant Jean Marais d'y jouer un rôle et lorsque Cocteau le découvre à l'audition, il se trouve face à celui qu'il a toujours recherché. Jeune, magnifique et solaire, Jean Marais est la vivante incarnation des mythes personnels du poète. Des dessins précédant leur entrevue en constituent la preuve. A partir de ce jour, les deux hommes seront liés par une rare fidélité du cœur et de l'esprit. Mais avant de glisser vers la tendresse et l'amitié, l'heure est à la passion pour Cocteau qui écrira :

« Mon Jeannot, comment te remercier de ce miracle. De cette étoile sous laquelle tu marches et qui est une vraie étoile à côté de mon étoile écrite. Peut-être que la mienne est le signe de la tienne et que ces deux étoiles forment la nôtre [2]. »

Après avoir joué le chœur dans *Œdipe Roi*, Jean Marais remplace Jean-Pierre Aumont pressenti pour jouer le rôle de Galaad dans *Les Chevaliers de la Table ronde*. Dès les premières représentations, il gagne l'assen-

---

1. *Journal sous l'Occupation.*
2. Lettres à Jean Marais.

timent du public et, à partir de cette date, par le truche-
ment de nouvelles créations, le poète et son interprète
fétiche iront de succès en succès.

Les Parents terribles créent, un an plus tard, l'événement et un nouveau scandale autour de l'idée d'inceste...
mère-fils... cette fois-ci. Cocteau s'en défend même si
cette pièce, écrite pour Jean Marais et Yvonne de Bray,
conte l'amour possessif, abusif, d'une mère pour son fils
et le désarroi dans lequel elle sombre quand il tombe
amoureux d'une jeune fille. Refusant de voir grandir son
enfant, refusant qu'il échappe à son emprise et à la
chambre où elle impose sa tyrannie, elle préfère mourir.

En écoutant les dialogues, on pense inévitablement
aux rapports de Cocteau avec sa mère... à ceux de
Marais avec la sienne ; pourtant l'auteur affirme n'avoir
jamais connu de famille vivant de la sorte. Il dira néanmoins quand il adaptera la pièce pour l'écran : « Je mon-
trais ces corridors d'orage qui ont hanté mon enfance et
qui sont les rues des familles qui ne sortent jamais de
chez elles. »

De Pudmerice où, alors, elle séjourne, Louise écrit
le 28 novembre 1938 :

« Mon Jean chéri,
Tu dois recevoir mille lettres à chaque nouvelle
poste, mille visites qui entrent par la fenêtre ; tout le
monde te parle parce que tout le monde t'écoute. Alors
je viens sur la pointe des pieds mêler ma petite voix à
celles qui bourdonnent autour de toi, et je sais que tu
l'entendras parce que c'est seulement un battement de
cœur.

Jean, je suis heureuse de ton succès. André me l'a
annoncé, et je le lis dans tous les journaux, et j'aime ton
nom en grosses lettres. Il me semble que c'est une nouvelle transfusion de ton sang que tu as donnée à tous

ceux qui font effort pour exister. J'ai hâte de rentrer pour
t'embrasser, pour aller épier ces parents terribles et surprendre encore un de ces secrets que tu dis à haute voix.

J'arriverai pour un, deux ou trois mois entre le 10 et
le 20 décembre. Je ne t'écris pas plus longuement parce
que tu as sûrement trop à faire. Mais tu sais que je pense
à toi.

Mille gros bons baisers de ta bonne amie,
Louisette.

Embrasse Jean Marais [1]. »

Depuis qu'il a quitté le domicile maternel, Jean est
allé, hormis la rue Vignon, d'hôtel en hôtel. Ce ne sera
qu'au début de la guerre qu'il achètera un entresol, 36,
rue Montpensier, dont les fenêtres ouvriront sur les
arcades du Palais-Royal. Mme Cocteau est maintenant
très affaiblie. Perdant la mémoire, elle réside dans la propriété tourangelle de son fils aîné Paul, ou dans une maison de repos tenue par des religieuses à Passy.

Au fil des années, le lien mère-fils est demeuré aussi
intense. Il l'assure de son affection sans limites, elle
ferme les yeux sur ce qui la dérange, n'ignorant pourtant
rien de son accoutumance à l'opium. Depuis 1924, elle
s'est séparée du Berceau, à Maisons-Laffitte. Paul Cocteau fait fructifier ses biens dans sa charge d'agent de
change et, jusqu'à la fin de son existence, elle aura les
moyens de voler au secours de Jean quand l'argent lui
manquera. Il l'en remercie en lui donnant avec régularité
de ses nouvelles quand il s'éloigne de Paris et en sou-
lignant Noël et les anniversaires d'un poème. Les
réponses d'Eugénie ont disparu sauf quelques exceptions
mais il n'est pas difficile d'imaginer leur « couple ». Elle,
figée dans ses principes sociaux et religieux ; lui tel que

---

1. Archives de Milly.

nous le découvrons en lisant son œuvre. Un passage de
La Corrida du 1er mai, écrite en 1954, est édifiant :
    « J'ai eu des accidents d'automobile. Interminable était
le dérapage contre un mur — interminable et plus rapide
que la foudre. Le mur s'approchait de moi avec une
majestueuse lenteur tendre de joue maternelle et je
revoyais ma mère distraite approcher jadis la sienne et
me dire : "Tu dois avoir quelque chose à me demander."
Et de cette joue maternelle je distinguais le moindre pore
de peau à la loupe. »
    Mais si Jean fait figure d'original au sein de sa
famille, ses relations sont harmonieuses avec son frère
Paul et sa sœur Marthe.
    Marthe n'a pas hérité de dons artistiques, néan-
moins elle a la réputation d'être une femme charmante,
enjouée, qui apprécie les livres et les spectacles. Veuve
de son premier mari, Jean Raymond, elle a épousé le
comte Henri de la Chapelle et, auprès de lui, perpétue
une existence tranquille.
    Quant à Paul... Très vite, après la mort de Georges
Cocteau, il a travaillé afin de protéger les siens. Comme
ses oncles, il fera carrière à la Bourse, une carrière interrompue par la guerre de 1914-1918, au début de
laquelle il s'engage dans l'aviation. Après avoir reçu une
formation de pilote au Crotoy, il mène à bord de son
avion des missions périlleuses au-dessus de l'Alsace-
Lorraine. Sa bravoure et deux blessures lui valent les
plus hautes distinctions militaires, mais la discrétion et la
modestie s'avérant les traits dominants de son caractère,
il n'en parlera pas. Paul a toujours montré l'exemple à
Jean. Brillant dans sa profession, il sait se montrer efficace et rassurant auprès d'Eugénie Cocteau qui ne tarit
pas d'éloges sur sa réussite. Toutefois, le cadet qui se sait
le favori n'en prend jamais ombrage.
    S'ils sont très différents, l'un calme et flegmatique,

l'autre inquiet et nerveux, les deux hommes possèdent cependant en commun une rare élégance d'esprit et de comportement. L'humour n'est pas, non plus, absent de leur relation et Marcelle Rageot n'oubliera jamais sa visite, en 1924, à son futur beau-frère.

Jean est alors en cure de désintoxication, quand Paul souhaite lui présenter sa future femme. La rencontre a lieu dans la chambre de la clinique où le poète se désintoxique pour la première fois. « C'est pour toi », déclare-t-il à Marcelle intimidée en désignant un cerisier en fleur. L'arbuste avait été hissé par un treuil jusqu'à la fenêtre du troisième étage de l'établissement et c'est ainsi qu'il redescend pour suivre sa propriétaire jusqu'à son domicile.

Jusqu'à la fin de ses jours, Eugénie bénéficie donc des attentions d'une famille unie. Au cours des derniers mois avant son décès, elle entre dans un monde où, étroitement mêlés, passé, présent, rêve et réalité la plongent dans une confusion qui la ramène à l'enfance.

Dans son journal, Jean Cocteau écrit le 4 avril 1942 :

> « Passé la journée avec Maman. Elle habite sur le grand jardin des sœurs, rue de l'Assomption. Elle n'a plus sa tête ou presque. Elle a une autre tête à laquelle elle ne comprend rien. Elle dit : "Enlève tes souliers quand tu rentres de Condorcet, tes souliers salissent toute la maison." Elle me reconnaît et croit que j'ai dix ans [1]. »

Suivent des propos sur le drame de la vieillesse :

> « Elle a sa belle figure au milieu des ravages. Elle ne souffre pas. Elle est heureuse. Pour moi : c'est atroce : la vitesse de vivre, le drame de vivre, l'inutilité de vivre [2]. »

---

1. *Journal sous l'Occupation.*
2. *Idem.*

Il ajoute :

« Cette femme si belle, si droite, si autoritaire. Voilà ce qui en reste. Voilà vers quoi je glisse vertigineusement [1]. »

Plus tard, le 9 septembre 1942, il note :

« Maman, hier au milieu de choses confuses et de chansons d'Offenbach dont elle a retenu la musique et les paroles me dit : "Je ne sais comment j'ai fait pour mettre au monde un poète. C'est très difficile [2]". »

Au cœur de l'hiver et de la guerre, il annonce, le 20 janvier 1943, la mort de celle autour de laquelle se sont articulées sa vie et toute son œuvre :

« Elle est morte comme on naît. Cette femme si vive, si droite et qui trottait dès sept heures le matin, s'était voûtée, avait commencé de s'éteindre en 1939 [3]. »

Est-il sincère lorsqu'il affirme :

« Je ne suis pas triste. La mort ne me rend jamais triste. Je trouve tout cela normal et je déteste qu'on adopte l'attitude conventionnelle des deuils [4]. »

Les premières phrases semblent peu compatibles avec ses déclarations lors d'autres décès. On pense à sa souffrance lorsqu'il a perdu Radiguet. Mais Cocteau ne pouvait-il, dans ce cas précis, accepter la mort d'un être jeune ?

Suit une magnifique déclaration d'amour à la femme qu'il a décrit au fil de son œuvre comme une madone empanachée d'aigrettes nocturnes. Contrairement à Marcel Proust, Cocteau n'a en effet jamais décrit sa mère dans des actes quotidiens.

« Maintenant Maman habite avec moi. J'ai long-

---

1. *Journal sous l'Occupation.*
2. *Idem.*
3. *Idem.*
4. *Idem.*

temps habité avec elle. C'est l'intervalle qui me gêne. Par chance, elle n'est pas morte rue d'Anjou. Il aurait fallu revivre cet appartement, retrouver les ruines sous la poussière, ranger, disperser, vendre. Maman a changé de forme, s'est échevelée, évaporée avant de disparaître dans un ciel calme. Je suis libre de revoir à mon aise toutes les formes qu'a prises ce nuage avant de se dissoudre. C'est pourquoi je me couche vite, ce soir[1]. »

Dans une lettre à Jean Marais, il confie : « Maman circule enfin librement et ne me quitte plus. »

Si Maisons-Laffitte, la rue La Bruyère, l'enfance, les chantages, les disputes, les confidences sont en apparence envolés, demeure néanmoins, à travers les lignes, l'essence même du lien puissant, castrateur et parallèlement fécond, qui les a unis.

Jean est heureusement, au même moment, happé par de multiples activités. La guerre est là, pourtant il n'arrête pas de travailler. Une attitude qui lui sera lourdement reprochée à la fin des hostilités. Dans un Paris soumis à la botte allemande, il écrit, collabore pour le cinéma et monte des pièces de théâtre. Depuis peu, il habite au Palais-Royal où, refusant l'idée de ne plus créer, il prend le risque d'être considéré comme un collaborateur. Sa présence à l'Orangerie des Tuileries où sont exposées des sculptures d'Arno Breker, auquel le lie une très ancienne amitié, aggrave son cas. L'artiste n'est-il pas l'un de favoris de Hitler? Si naïvement Cocteau croit à la liberté que revendique tout écrivain, son attitude et certaines déclarations dans *Le Journal sous L'Occupation* peuvent, à juste titre, heurter. Mais que ce soient la Résistance ou l'extrême droite, l'une et l'autre feront son procès :

---

1. *Journal sous l'Occupation.*

« La radio anglaise m'accuse de collaborer. La presse franco-allemande m'accuse d'être gaulliste. Voilà ce qui arrive aux esprits libres qui refusent de se mêler de politique et n'y comprennent rien. » (octobre 1943)

Dès qu'une affiche annonce l'une de ses créations, la presse d'extrême droite l'assassine. La milice va même jusqu'à condamner *Les Parents terribles*. Quant aux résistants, ils ne peuvent accepter que certains écrivains, lors de déjeuners littéraires offerts par la milliardaire américaine Florence Gould, puissent côtoyer des personnalités allemandes comme Ernst Jünger ou Gehrard Heller. Tels Jouhandeau, Morand et d'autres, Cocteau a fait partie de ces auteurs mais il a mis à profit quelques-unes de ses relations pour tenter de sauver le poète Max Jacob alors qu'il était déporté.

Les Noailles, les Sert, Coco Chanel et Louise de Vilmorin n'ont pas, eux non plus, cessé de recevoir, de sortir et de faire parler de leurs personnes. Aux uns et aux autres, on reproche d'avoir manqué de vigilance quant à leurs prises de position. Réfugiés dans un univers qui leur est propre, ils n'ont pas su voir, écouter, encore moins analyser. Mais comment auraient-ils, un seul instant, accepté que cessent les privilèges qui leur vie durant les a accompagnés ?

Quand sonne l'armistice, ils n'ont d'autre recours que de se plonger un peu plus dans les mondanités... en privilégiant toutefois celles qui peuvent servir à les « blanchir ». Louise n'est pas en reste. Une romancière qui ressemble à ses héroïnes n'a pas de mal à être de toutes les fêtes !

A la fin de 1944, elle devient une habituée des réceptions qu'offrent à l'ambassade d'Angleterre, faubourg Saint-Honoré, Sir Duff Cooper et son épouse, Lady Diana. Duff possède tout ce qui peut séduire

Louise : le titre, de la prestance, de l'esprit et une culture étendue.

Le 9 février 1945, Jean Cocteau, reçu lui aussi à l'ambassade, note :

« Rien de plus drôle que Duff Cooper en face de Louise. (Elle a eu sa broncho-pneumonie à l'ambassade et on la soigne dans cet étrange Negresco).

Duff est amoureux fou d'elle. Cela crève les yeux. Il a l'air d'un pêcheur qui a pêché une sirène et qui reste cependant un pêcheur avec des idées toutes faites sur la pêche, la mer, la vente du poisson, etc... »

Un étrange ballet commence car si Duff est sensible au charme de Louise qui ne peut s'empêcher de l'appeler « coquille Duff », Lady Diana l'est aussi. Une fois rétablie, la romancière continue d'habiter l'ambassade où une chambre lui est attribuée. Louise entame, alors, l'une des périodes les plus positives de son existence. Ses écrits sont bien accueillis, elle collabore à des revues aussi prestigieuses que *Vogue*, on l'admire et, même si on ne comprend pas toujours sa peu conventionnelle vie sentimentale, on aime à l'évoquer.

Suivant l'exemple de son ami Cocteau, elle tombe dans le piège des réceptions, mais comment y échapperaient-ils alors que leurs personnes se confondent avec leur œuvre au point de trop souvent prendre le pas sur celle-ci ?

Au dos d'un menu de chez Maxim's, elle adresse une missive à Jean Cocteau :

« Jean chéri

Il y a sans doute une discrétion très louable dans cette façon de nous recevoir. Quand les grands se font petits ils font bien les choses. Étant petite je n'en ai pas tant au service de mes amis. Néanmoins, pour citer un mot de feu mon père (encore un coup de feu dirons-

nous) "tous les piques ne valent pas un pique-nique".
C'est pourquoi je suis d'accord avec toi. Déjeunons sur
l'herbe, mangeons quelques bons petits produits de chez
nous, langues de truites, et millet. Je n'ose en parler à
mes voisins, l'un est pris au laceau (sic) des notes, et de
la note, et l'autre pense à se déboutonner. Dînons en
plein air de notre musique, à trois, Nora, toi et moi.
Diana ne payera pas un rond. Je me charge d'emporter
vaisselle, verres et argenterie. Compte sur moi. A toi de
tout cœur. Louise [1]. »

Un poème, rédigé sur un menu similaire,
accompagne cette missive :

« Cher amour, bel enfant
Tu es bien froid, je t'aime
Fais apporter un banc
Un banc tout blanc de crème

Nous mangerons ce banc
Et tu feras semblant
D'aimer ma robe verte
Et la forêt déserte
Ouverte aux quatre vents

Je n'emporte pas de bougies
Pour notre dîner à deux;
Je n'emporte des aveux
Que la blanche hémorragie

Et le soir porteur de clefs
N'ouvrira pas la matinée
Tu seras, nous serons encerclés
Dans les verdures satinées

---

1. Archives de Milly.

Cher amour, bel enfant
Tu es bien froid, je t'aime
Fais apporter un banc
Un banc tout blanc de crème

Louise [1] »

Après la rupture avec Tommy Esterhazy que la guerre a ruiné, c'est bientôt au tour de Duff Cooper de s'éloigner. Louise s'installe à Verrières qui restera jusqu'à la fin de sa vie son phare et son refuge. Dans cette propriété bénie par les dieux se succéderont les politiciens et les artistes dont les noms sont sur toutes les lèvres. Jean Cocteau aime y séjourner et il n'est pas interdit de penser que Verrières lui rappelle Maisons-Laffitte et que Louise, au milieu de ses frères, est une réplique d'Eugénie Cocteau au milieu des siens.

Dans ce royaume enchanté, il occupe la chambre de l'alcôve où il réfléchit à *La Difficulté d'être*. Quand l'hôtesse et son invité ne sont pas occupés à écrire, ils musardent dans le parc et Louise avouera, au retour d'une promenade, que Jean a observé des choses qui lui ont, à elle, échappé. Ayant tous les deux un goût prononcé pour les jeux de mots (Louise est une experte en la matière), ils se lancent régulièrement des défis qui les enthousiasment.

De Jean, on connaît ce quatrain à Louise qui, tous les jours, lui ramenait les potins de Paris :

« Quand Radio-Loulette
Fonctionne, c'est divin
Jean finit sa toilette
en robe de Lanvin. »

Avec *Les Chevaliers de la Table ronde*, les mythes

---

1. *Archives de Milly.*

moyen-âgeux sont entrés dans l'œuvre théâtrale de Cocteau. Il perpétue ce choix avec *Renaud et Armide,* une tragédie romantique en alexandrins dont Bérard exécute le décor en s'inspirant de la grotte des Bains d'Apollon à Versailles.

« Nos maîtres dans cette entreprise ont été Gustave Doré, Perrault, Rameau. Nous avons aussi tourné les yeux vers les peintres, les metteurs en scène des spectacles de notre enfance. »

Le roi de France, Renaud, est retenu prisonnier dans les jardins d'Armide qui par ses « charmes » l'a envoûté. Sans jamais l'avoir vue, puisqu'elle a le pouvoir d'être invisible, il s'en éprend. Quand, enfin, il la découvre, il la considère comme une personne étrangère à celle qu'il aime. Pour le ramener à la réalité terrestre, Armide, après lui avoir donné la bague qu'il réclame, lui accorde un baiser en sachant qu'elle en mourra.

Une nouvelle fois, l'auteur s'est attaché à dépeindre l'impossibilité de l'amour, impossibilité d'autant plus grande que Renaud appartient au monde des vivants alors qu'Armide vogue dans le surnaturel. Est-ce son vécu qui la pousse à se pencher sur un amour qui ne supplante pas la solitude, encore moins la mort?

L'Aigle à deux têtes, dont Edwige Feuillère et Jean Marais jouent les rôles principaux, appartient au même registre. Une reine qui, après la mort de son époux, traverse la vie en somnambule, n'attend plus que de rejoindre celui-ci. Alors qu'elle se croit incapable du moindre sentiment, elle tombe amoureuse d'un jeune anarchiste chargé de la tuer et qui ressemble au roi défunt.

« Ma pièce est écrite en forme de fugue. Elle s'ouvre sur le thème de la reine. Au second acte, le thème de Stanislas prend sa place et les deux thèmes se résolvent pour s'emboîter et lutter ensemble jusqu'à l'accord final de la double mort. »

Sur la merveilleuse Edwige Feuillère, l'auteur a laissé des lignes qui révèle sa fascination :

« Regardez Edwige Feuillère, singulièrement et sournoisement éclairée par-dessous. On dirait une fée dans quelque cave, ses tulles traversés par l'aube d'un soupirail, une cantatrice de l'Opéra en train d'attendre qu'une tape la fasse surgir au clair de lune. Et voici qu'elle ouvre l'éventail de dentelle noire dont elle se masque la figure, et voici qu'elle fait onduler, respirer sa robe, comme si elle était un plumage enraciné en elle, et voici que la porte s'ouvre, qu'elle entre dans le toril, plus têtue que les bêtes, plus audacieuse que le toréador [1]. »

Cocteau n'a jamais caché que le personnage de la reine lui avait été inspiré par l'impératrice de la solitude, Élisabeth d'Autriche. A ce propos, il est intéressant de souligner certaines similitudes entre la souveraine et Louise de Vilmorin. La romancière les a-t-elle remarquées ? Une photographie où elle arbore une coiffure semblable à celle qu'affectionnait Élisabeth le laisserait penser. Les cheveux remontés en couronne et tressés, Louise pose de profil et des trèfles de diamant éclairent sa chevelure (le fameux trèfle à quatre feuilles qui, symbolisant ses quatre frères, est devenu son symbole). Ce portrait rappelle celui de Winterhalter. Mais ce n'est pas tout... Élisabeth et Louise ont toutes les deux souffert, à des âges différents, de la tuberculose. Elles partagent la même instabilité affective, l'impossibilité de se préoccuper de leurs enfants ; elles s'adonnent aussi au culte de la nature, de la beauté, de l'éphémère. On ne peut, non plus, oublier leur fascination pour la Hongrie, les

---

1. *Des monstres sacrés.*

tsiganes, leur mutuel besoin de tourner le dos à la réalité et de trouver un apaisement dans l'écriture, en compagnie des mythes qui leur sont chers. Et si Élisabeth disait de François Joseph : « Dommage qu'il soit empereur... », Louise déclarera à propos de Malraux : « Dommage qu'il soit ministre... ». Cocteau a-t-il entrevu ce rapprochement quand il a écrit sa pièce? L'influence de Louise, l'amitié qui les lie tiennent une grande place dans son existence. Ses séjours à Verrières vont même lui insuffler le désir de s'acheter une maison à la campagne. Ce sera La Maison du Bailli, à Milly-la-Forêt, une demeure qui, avec ses tourelles, ses douves, son sentier s'enfonçant dans la forêt voisine, semble surgir d'un conte de fées.

« Me voilà dans mon Verrières, seul au milieu de mes souvenirs, car un curieux privilège de cette maison est de prendre à son compte toutes celles où j'ai vécu et où j'eusse voulu vivre [1]. »

Dans la préface de *La Difficulté d'être*, il évoque « le calme de cette campagne, de cette maison qui m'aime, que j'habite seul, en ce mars 1947, après une longue, longue attente. »

Après la période où tout semblait leur sourire, Louise et Jean connaissent des soucis d'argent et de santé. Pendant qu'elle est opérée de la hanche, lui se remet doucement de la furonculose dont il a tant souffert alors qu'il tournait *La Belle et la Bête*. L'heure est aux bilans, à la nostalgie et aux doutes. La lettre adressée par la romancière au poète en est une preuve.

« Mon cher cœur,

C'est autant la confiance que le remords qui me fait t'écrire ce soir. Je suis au lit; j'avais déjà éteint la lumière et, pensant à mon départ cette semaine pour l'Alsace,

---

1. Lettre à Louise de Vilmorin, 3 mai 1947.

j'ai pensé à ce que je t'ai dit avant-hier soir. Il y a des moments où, en dépit de toute la gratitude que j'éprouve sans cesse à l'égard de ceux qui m'ont tenu compagnie si longtemps, je deviens injuste par tristesse. Injuste et ingrate. Je me laisse emporter par la mélancolie comme, autrefois, par un assez incompréhensible bonheur.

Je suis malheureuse parce que mon cœur est devenu un gros œil, tantôt une fine oreille, c'est la même chose du reste car les yeux entendent pendant qu'ils voient (et en tous cas veulent entendre) et les oreilles voient pendant qu'elles entendent (et en tous cas veulent voir). Comme j'ai perdu ma raison d'être depuis que j'ai le sentiment de n'être plus indispensable, c'est-à-dire désirée, je passe mon temps le cœur tendu, à guetter chaque mouvement, chaque parole et à mêler à ce guet mes souvenirs. Alors je me vois ruinée. Fatalement. Cependant ce qui me ruine c'est que je n'ai rien à combattre puisque je serais encore plus désespérée s'il advenait la moindre chose qui atténuât le moins du monde le bonheur de ceux que j'aime, de mes frères, qui bénéficient d'un bonheur trouvé hors de moi et auquel je ne puis contribuer.

Il ne faut donc rien leur dire sur mon compte. Ils seraient désolés. Ils ne comprendraient pas l'offense d'une plainte. Ils m'aiment toujours et c'est moi qui en demande trop. Si je ne veux pas peser sur eux par ma présence qui leur est devenue lourde depuis qu'elle ne touche plus leur imagination, je veux encore moins qu'ils soient avertis de ma langueur qui ne peut leur être légère. Ils ont toujours été très bons pour moi, ils ne m'ont jamais entourée que de bontés, d'indulgence et d'attentions; mais je suis née inconsolable [1]. » (20 avril 1950. 11 h 30 du soir)

---

1. Archives de Milly.

De belles années se profilent pourtant pour Louise : de beaux romans, notamment *Migraine,* et d'intenses histoires d'amour. Elle s'est plainte de n'être plus désirée ! Ses aventures à venir prouveront qu'elle s'est trompée. Roger Nimier, le jeune Orson Welles, Pierre Seghers succomberont les uns après les autres à son charme. Quant à André Malraux, après un « retour » remarqué, il sera le dernier compagnon de Louise qui le surnommera « mon grand gisant ».

Dans le salon bleu de Verrières, la gaieté, les calembours et la légèreté sont toujours de rigueur. La maîtresse de maison n'a rien perdu de sa verve, voire de sa gouaille. Est-elle parvenue à échapper à l'emprise du temps ? L'âge n'a en effet pas de prise sur cette éternelle jeune fille qui, le 29 décembre 1959, envoie à son ami Jean un bristol où elle a dessiné son trèfle dont les quatre feuilles porte un message :

« D'un cœur tendre et fidèle je te
souhaite mon Jean chéri une bonne et
heureuse année et je te dis en
t'embrassant très fort que je t'aime et que je suis ta
Loulette [1]. » (signé au bas de la tige)

Son entente avec Cocteau ne s'amenuise pas, même si, affaibli par la maladie, il ne peut plus se rendre à Verrières. C'est elle qui, alors, prend le chemin de Milly, elle, la magicienne, dont il avait dit un jour :

« Nul ne peut mettre ne doute que madame de Vilmorin possède un ballon rouge qui l'enlève de terre et l'emporte ensuite où elle veut [2]. »

---

1. *Archives de Milly.*
2. *Mes monstres sacrés.*

Colette
1873-1954

Si Jean Cocteau s'est souvent attaché aux mythes, Colette, pour sa part, préfère dépeindre au fil de son œuvre le monde qui l'entoure et la réalité quotidienne.

Terrienne, voluptueuse, elle sait mieux que personne restituer sentiments, sensations et senteurs. Rien dans la nature humaine, animale ou végétale n'échappe à son regard et à sa compréhension. Gourmande, courageuse dans ses actes et ses opinions, elle vit comme elle l'entend... attitude qui, parfois, lui coûtera cher. Mais elle s'en moque car, semblable à la plupart des amies de Cocteau et au poète lui-même, elle ne craint pas la foudre de ses pairs.

Avec ses origines de petite paysanne bourguignonne, Colette est pourtant bien loin de Marie-Laure de Noailles, Louise de Vilmorin ou Natalie Paley. Seulement, elle est une des rares à partager avec Jean Cocteau l'aptitude à créer tout au long de son existence une œuvre qui ne doit rien à un fugitif caprice d'écrire ou à un quelconque besoin de notoriété.

Si l'on se penche sur leur enfance à tous les deux, elles sont en de nombreux points dissemblables. Fille de militaire, Sidonie, Gabrielle Colette grandit loin des bruits de la capitale à Saint-Sauveur-en-Puisaye, une bourgade du département de l'Yonne, où elle contracte un accent rocailleux dont elle ne se départira jamais et une force qui, dans les moments difficiles de son existence, l'aidera à faire front. Il y a aussi et surtout Sido, la mère, la détentrice de précieux pouvoirs, la donneuse d'amour, Sido qui tiendra une si grande place dans le cœur et le cheminement de sa fille. La relation mère-enfant est, en effet, fondée sur un échange et une ferveur qui dépassent la classique relation parentale. Côté paternel, Sidonie Gabrielle ne peut, en revanche, être rassurée. Second mari de Sido, le capitaine Colette ne possède pas l'âme d'un gestionnaire. Son manque de vigilance dans le domaine financier le mènera droit à une faillite qui obligera la famille à quitter la grande maison où la fillette connut des moments privilégiés. Les velléités littéraires du capitaine ne seront guère mieux menées. Il rêvera mais rêvera seulement d'écrire. Un souhait que sa descendante n'aura pas peur de formuler à son tour et de concrétiser.

L'entrée d'Henry Gauthier-Villars dans l'existence de Sidonie Gabrielle va temporairement lui offrir une image masculine plus positive. Il a trente ans, elle en a seize. Les parents de l'un et de l'autre se connaissent. Gauthier-Villars, qui vient de perdre une femme qu'il aimait, ne reste néanmoins pas longtemps insensible à la fraîcheur de la jeune provinciale qui, de son côté, a besoin de mesurer son pouvoir sur les hommes. Peu importe que Henry ne soit pas beau, il sait parler aux femmes et leur affirmer qu'elles sont uniques. La jeune fille décide de l'épouser et de le suivre à Paris où il exerce le métier de journaliste. Après des fiançailles mouvementées et qui font jaser — Sidonie Gabrielle n'a pas de dot — le mariage est enfin conclu, le 5 mai 1893. Elle a juste vingt ans, l'âge des illusions et de tous les espoirs. Auprès de celui que l'on surnomme Willy, elle découvre le monde des artistes, des échotiers, un monde qui, en la distrayant, compense l'impression d'étouffement que lui provoque leur appartement sombre et exigu de la rue Jacob.

Sidonie Gabrielle est très amoureuse de Willy, amoureuse au point de se plier à ses moindres désirs; l'un de ceux-ci sera de lui faire rédiger ses souvenirs d'écolière. A ses activités journalistiques, Willy ajoute, en effet, celles de directeur littéraire. Il veille sur une équipe de « nègres » qui mettent en forme les sujets qu'il leur souffle. Sans la moindre vergogne, il signe ces récits de son nom avant de les livrer au public. A première vue, les textes que sa femme a consignés dans quelques cahiers lui semblent fades et inintéressants. Pendant plusieurs mois, il les oublie dans un tiroir mais, lors d'une nouvelle lecture, il comprend sa bêtise. A condition de pimenter l'histoire, avec des détails croustillants, il y a là matière à succès.

Attribué à Willy, *Claudine à l'école* paraît en 1900. L'imposteur ne s'est pas trompé. Les ventes du livre ne cessent de monter. Il conjure celle qu'il n'appelle plus que Colette de réitérer l'exploit. Elle cède... pas pour l'amour des mots mais pour celui qu'elle voue à un homme pourtant décevant. Colette qui, naïvement, se croyait indétrônable dans le cœur de son mari, a appris

qu'il multiplie les aventures féminines. Cette découverte l'a presque menée à la mort et il a fallu toute la
tendresse de Sido pour qu'elle sorte de la grave dépres-
sion dans laquelle elle a sombré. L'heure est maintenant au succès par procuration et à des rentrées
d'argent qui permettent au couple de s'installer rue de
Courcelles. Là, enfermée des après-midi entières,
Colette continue de donner vie au personnage de Claudine. *Claudine à Paris, Claudine en ménage, Claudine s'en
va* continuent de faire recette. Willy bombe le torse
même si certains se doutent de la vérité. « Willy ont du
talent », déclare Jules Renard. Qu'importe ! Le résultat
est là et l'instigateur de ces histoires délurées ne songe
déjà plus qu'à les adapter pour le théâtre.

De son côté, Colette continue d'écrire et dans *Dialogues de bêtes*, elle n'obéit qu'à sa fantaisie. Willy lui a
acheté une maison en Franche-Comté afin qu'elle
trouve le calme nécessaire à toute création... C'est du
moins la version officielle... mais Colette a compris que
Willy a besoin de liberté. Si cette évidence la navre, elle
ne peut hélas ! y remédier. Que n'a-t-elle pourtant tenté
pour garder son incorrigible mari ! Répondant à tous ses
désirs, elle a dans le but de lui plaire commencé de goûter aux amours saphiques avec Georgie Raoul-Duval
puis Polaire qui jouera le personnage de Claudine sur la
scène.

Dans *Portraits-Souvenir*, Jean Cocteau décrira le
curieux trio que forment Willy, Colette et la comédienne. Au Palais des Glaces, les célébrités du demi-
monde ont pris l'habitude de patiner. Des tables cein-
turent la piste et « une de ces tables groupait Willy,
Colette et son bouledogue. Willy, sa grosse moustache
et l'impériale de Tartarin, l'œil vif sous la paupière

lourde, la cravate lavallière, le chapeau haut de forme monté sur une auréole de carton, les mains d'évêque réunies sur le pommeau de sa canne. A côté, notre Colette. Pas cette solide Colette qui nous offre de succulentes salades à l'oignon cru et fait son marché en sandales à l'étalage de Hédiard. Une Colette mince... mince ; une espèce de petit renard en costume cycliste, de fox-terrier en jupes, avec, sur l'œil, une tache noire, retroussée à la tempe par un nœud de faveur rouge. »

Il s'attarde ensuite sur Polaire tandis que celle-ci s'approche de la patinoire.

« Polaire ! Une tête plate de serpent jaune tenant en équilibre les huîtres portugaises de ses yeux clignotants de nacre, de sel, d'ombre fraîche, les traits bridés, tendus, noués sur la nuque par un catogan de percheron, le feutre à la renverse au-dessus de la frange, une bague de Lalique en guise de ceinture, la jupe de gommeuse découvrant des chaussettes et des bottines à boutons aux patins cruels, l'actrice violente comme une insulte en langue juive, se tenait au bord du ring, droite et raide, dans une pose d'attaque de nerfs. »

Ne négligeant rien de ce qui peut contribuer à sa publicité personnelle, Willy appelle sa femme et sa maîtresse : ses « twins ». Et, pour accentuer la ressemblance entre elles deux, il leur demande de porter les mêmes vêtements. Afin de mieux s'identifier à Polaire, Colette ira même jusqu'à sacrifier sa longue et légendaire chevelure.

Déçue par Willy qui s'éloigne chaque jour davantage, elle va se réfugier dans les bras de la marquise de Belbeuf, née Mathilde de Morny. Colette a rencontré celle qui, bientôt, ne répondra plus qu'au prénom de Missy chez « l'amazone » Natalie Barney. Auprès de cette femme qui cultive une attitude virile, Colette se console de la cruauté et de l'inconstance des hommes. Missy l'aime, l'entoure, la comble d'attentions et de présents, un traitement bien différent de celui auquel elle a eu droit jusqu'alors. Toutefois, contrairement à Cocteau, l'homosexualité n'entre pas dans la nature profonde de Colette. Avant tout, elle apprécie la compagnie des hommes et le prouvera. Même s'il s'étire sur cinq années, l'épisode Missy demeure un pis-aller, une halte qui permet à Colette, démunie et aux abois, de reprendre force et assurance. Sur qui, sur quoi peut-elle compter? Willy s'affiche en compagnie de Meg, sa dernière compagne... et les *Claudine* ayant été publiés sous son nom, il n'a rien été versé à leur véritable auteur qui, pour gagner sa vie, décide d'apprendre la pantomime. Comme on le sait, le scandale n'effraie pas Colette. Il est même source d'énergie pour des êtres de sa trempe ou de celle de Cocteau. Au fil des spectacles, auxquels elle participe bientôt, elle n'hésite pas à apparaître nue sous des robes de voile. Elle continuera jusqu'au soir où elle échange dans *Rêve d'Égypte* un long baiser avec Missy qui joue le rôle d'un vieux savant. La salle du Moulin Rouge est non seulement choquée par cette prestation mais aussi par la présence de Willy qui, au premier rang des spectateurs, applaudit à tout rompre.

Après ce scandale, le couple ne tarde pas à demander officiellement le divorce. Colette signera dorénavant Colette Willy ses prochains écrits. Elle a trente-six ans et monter sur scène, continuer d'imaginer de nouveaux romans ne l'empêchent pas de sombrer dans le doute et la tristesse. Malgré sa tendre affection, la marquise de Belbeuf ne peut donner un sens à son existence. Colette est à un tournant. Que va-t-elle choisir? L'écriture, le théâtre, les amitiés féminines ou une passion partagée avec un homme? Une courte liaison avec Auguste Hériot, un jeune et fortuné célibataire, la laissant indifférente, il lui faudra attendre de rencontrer Henry de Jouvenel pour avoir la certitude qu'elle n'est pas morte à l'amour. A ce moment-là, elle collabore au *Matin*. Co-rédacteur du quotidien, Jouvenel avait menacé de quitter son poste si cette « saltimbanque » rejoignait leur équipe. Oubliant de mettre cette promesse à exécution, il succombe au charme de l'indésirable. L'attirance est réciproque et Colette rompt avec Missy.

Différemment de Willy, Henry de Jouvenel est néanmoins un séducteur. Aucune femme ne lui résiste. Colette le sait mais elle prend le risque de peut-être avoir, un jour, à souffrir. En compagnie de son amant, elle découvre la Corrèze où il a hérité de la propriété familiale. Puis elle s'installe, chez lui à Passy. « La Vagabonde » aspire à une vie paisible, même si elle ne cesse de sortir et de recevoir. Colette et Henry sont l'un et l'autre des personnages en vue. Lui a été, avant de collaborer au *Matin*, chef de cabinet d'un ministre de la Justice; elle a publié de nombreux titres dont *La Retraite sentimentale* et *L'Ingénue libertine*. Rien à voir avec la jeune débutante que guidait à travers un monde inconnu un Willy qui arborait des airs de Pygmalion.

Fidèle à son attrait pour les surnoms, Colette baptise Henry Le Pacha, mais surtout Sidi. En femme amoureuse, elle vit au rythme de ce compagnon qui n'est pourtant pas de tout repos. Comment fait-elle pour concilier ses représentations sur scène, la rédaction de ses articles, celle d'un nouvel ouvrage et son rôle de maîtresse de maison et de maîtresse tout court?

« Je dois beaucoup au chalet de Passy. Sous ses balcons et ses trèfles, j'ai mené une vie véritablement féminine, émaillée de chagrins ordinaires et guérissables, de

révoltes, de rires et de lâchetés. Là me vint le goût
d'orner et de détruire. Là je travaillai, le besoin d'argent
aux trousses. Là, j'eus des heures de paresse. »

Besoin d'argent... Travail... Des mots que Jean
Cocteau ne s'est jamais privé d'employer. L'un et l'autre
sont, en effet, d'infatigables travailleurs. L'œuvre qu'ils
tissent jour après jour, mois après mois, année après
année, le prouve. Et l'un et l'autre souffrent du vertige
de la page blanche. Vertige qui atteint même le dégoût
pour Colette. N'avouera-t-elle pas à Carco : « Je tire avec
une peine de terrassier un volume de nouvelles de ma
mémoire et de mon imagination, mais quel dégoûtant
travail. »

Tel un écho, Cocteau déclarera dans *La Difficulté
d'être* :

> « Le papier blanc, l'encre, la plume m'effraient. Je
> sais qu'ils se liguent contre ma volonté d'écrire. Si
> j'arrive à les vaincre, alors la machine s'échauffe, le tra-
> vail me travaille et l'esprit va. Mais il importe que je m'y
> mêle le moins possible, que je sommeille à demi. »

A l'inverse de Cocteau qui avoue écrire à n'importe
quelle heure, sur ses genoux, Colette précisera :

> « Je travaille avec une rigueur qui, si elle ne me
> donne pas des résultats abondants, me conserve une
> sorte d'estime pour moi-même. »

Et, face à Cocteau qui est avant tout un poète,
Colette se défend d'écrire de la poésie : « Vous avez
devant vous un individu rare, une sorte de monstruosité :
un prosateur qui n'a jamais écrit de vers. »

Elle ajoutera même :

> « Si je n'exerçais sur ma prose un contrôle sans
> merci, je sais bien qu'au lieu d'un prosateur anxieux et
> appliqué, je ne serais pas autre chose qu'un mauvais
> poète décharné. »

La romancière parvient à se discipliner pour écrire

au prix d'un sacrifice d'autant plus violent que son caractère la prédispose à l'indolence et à jouir des plaisirs qui se présentent... celui, par exemple, de se promener à travers la campagne, de se baigner dans la mer qu'elle a appris à aimer à Rozven, en Bretagne, celui de combler sa légendaire gourmandise en mangeant des mets susceptibles de provoquer l'assoupissement. Tour à tour active et contemplative, impatiente et ordonnée, elle se trouve en perpétuel conflit avec elle-même. On la dit impulsive, obstinée, autoritaire, dominatrice, parfois cassante : certains lui trouvent un comportement masculin, l'un de ses amants évoquera même son odeur d'homme. Colette est sans doute tout cela et bien d'autres choses encore, mais si elle vit, en effet, comme un homme sa vocation d'écrivain, les lignes qu'elle nous laisse sont bien celles d'une femme intuitive, sensible, vulnérable, démunie, meurtrie face aux ruptures amoureuses et aux coups que lui inflige le destin. En revanche, si elle sait retranscrire dans la fiction la peine et le chagrin, elle déteste faire état dans la réalité de ses blessures morales et physiques.

La maternité ne la poussera pas davantage à s'exprimer car, avec celle qui portera le surnom de Bel Gazou, elle se montrera parfois dure.

Colette de Jouvenel naît en 1913, quelques mois avant que la France ne déclare la guerre à l'Allemagne. Durant les hostilités, la petite fille grandira en Corrèze, loin de ses parents. Henry est mobilisé et Colette le rejoint à plusieurs reprises à Verdun.

Malgré la période difficile, le couple va bientôt s'installer boulevard Suchet.

Dans son journal, l'abbé Mugnier, convié à un déjeuner chez les Jouvenel, note le 1er juillet 1922 :

« Un petit intérieur au rez-de-chaussée avec petit salon tendu de tapisseries et un jardin qui n'est pas grand mais que le soleil de juillet rendait si charmant, avec ses géraniums et ses roses rouges crimson. [...] Le déjeuner fut abondant et très arrosé. Des pois de senteur sur la table. Colette, avait, à sa droite le ministre et à sa gauche sa chienne, une brabançonne qui s'appelle Patati, et moi. Colette adore les plantes odoriférantes : roses, tubéreuses, gardénias, narcisses, etc. et parmi les feuilles également odoriférantes : la mélisse, la menthe, le géranium rosat, l'absinthe, etc. Elle cueillait de ces feuilles de son jardin, les pressait pour nous les faire respirer. »

Passionné par la politique, Henry de Jouvenel est devenu chef de cabinet au secrétariat d'État à la Marine, puis député de Corrèze, et enfin délégué de la France à la Société des Nations. De son côté, Colette dirige la rubrique littéraire du *Matin* auquel elle continue de donner des articles. Elle est faite, en 1920, chevalier de la Légion d'honneur. C'est le début des distinctions. Elle y sera tout au long de sa vie sensible, même si, parfois, comme Cocteau, il lui arrivera de se plaindre d'être sur le devant de la scène. A la « raclée d'honneurs », aucun des deux n'échappera. « Les honneurs, il faut les envisager comme une sorte de punition transcendante », dira Cocteau.

Colette n'en est pas encore là. Pour l'instant, son attention se tourne vers son couple. Henry de Jouvenel est volage et elle en souffre. A bientôt cinquante ans, elle a d'autant plus de mal à se voir préférer des femmes plus jeunes. Dans un sursaut d'orgueil, elle décide alors de suivre l'exemple de son époux et, extraordinaire insolence, elle se choisit non seulement un amant de dix-sept ans, mais celui-ci est son beau-fils.

Bertrand de Jouvenel est l'enfant d'un précédent mariage d'Henry avec Claire Boas. Cette liaison, qui n'est au début qu'une vengeance de la romancière envers son mari, un défi aux conventions établies, prend peu à peu de l'importance. Elle durera cinq années pendant lesquelles le jeune homme refusera toutes les possibilités de fiançailles pour demeurer auprès de celle qui lui a communiqué son enthousiasme, sa curiosité des choses et un art de vivre qui balaie les vestiges d'une éducation par trop bourgeoise.

Il faudra la venue de Maurice Goudeket pour mettre un terme à la relation. Meurtrie par deux mariages ratés, Colette aspire à des jours plus calmes et ce ne sera pas auprès de Bertrand, happé à son tour par la politique, qu'elle les trouvera. Maurice Goudeket a treize ans de moins qu'elle et il est courtier en pierres précieuses lorsqu'elle croise sa route. Colette a la prescience que cet homme tendre, attentionné, sera le compagnon idéal et l'avenir prouvera qu'elle ne s'est pas trompée.

En sa compagnie, elle voyage en Afrique du Nord, déménage plusieurs fois (au Palais-Royal, dans un entresol, puis au Claridge, avenue des Champs-Élysées, ensuite au coin de la rue Marignan, pour revenir au Palais-Royal, au 9, rue de Beaujolais) « Quand un logis a rendu tout son suc, la simple prudence conseille de le laisser là. [...] En foi de quoi j'ai donc déménagé par caprice. Par force souvent, d'autres fois par hygiène morale [1]. »

A cet itinéraire de nomade, qui n'a rien à envier à celui de Cocteau, il faut ajouter Saint-Tropez où, à partir

---

1. *Trois... six... neuf.*

de 1926, elle séjourne à la belle saison dans une délicieuse demeure baptisée La Treille Muscate.

« Deux hectares, vignes, orangers, figuiers à fruits verts, figuiers à fruits noirs. [...] Il y a aussi une maison mais elle compte moins — petite, basse d'étage. »

Dans cette délicieuse halte, elle se laisse envahir par les parfums de la Provence, écrit des romans dont *La Naissance du Jour*, se baigne, hante les marchés et prépare à grand renfort d'ail et d'oignon cru les mets qui ravissent ses amis Dunoyer de Segonzac, Kessel et Carco.

Dans *Près de Colette*, Maurice Goudeket racontera :
Rarement y eut-il plus grande intimité entre illustrateurs d'un livre, auteurs et lieux décrits. Segonzac et Moreau venaient à leur gré travailler, qui dans le jardin, qui dans le bois ou le patio. La vie de la maison ne se modifiait en rien pour eux. Colette, selon l'heure, "arcandait" comme elle disait dans la propriété, ou écrivait le nez contre le mur. »

N'a-t-elle pas choisi, en effet, pour y travailler la pièce la plus petite, « un peu sombre, pas très commode, détournée des féeries marines : c'est une mesure de rigoureuse prudence. »

En 1936, Jean Cocteau, qui a connu Maurice Goudeket au cours de son adolescence à Condorcet, rend visite au couple.

« Il était vêtu de peu, mince comme sont, seuls, ceux qui traversent les miroirs, le cou serré d'un garrot de soie pourpre. »

Arborant un chapeau de Touareg surmonté d'un toupet de plumes noires, il effraie la jardinière qui, superstitieuse, crie en le voyant : « Lucifer ».

Épris lui aussi et depuis longtemps de la Côte d'Azur, il ne peut que féliciter ses hôtes de leur choix. La romancière et le poète se vouent un mutuel respect. Ne se savent-ils pas l'un et l'autre au-dessus de la mêlée et ne se rejoignent-ils pas au point extrême où les emporte leur imagination ? Lorsqu'ils deviendront voisins au Palais-Royal, Colette écrira dans *De ma Fenêtre* :

« Le poète, cet auteur dramatique, ce dessinateur, ce romancier — c'est le même homme, vous l'avez reconnu — habite une maison voisine de la mienne. Il s'est logé au profond d'un des entresols dont les fenêtres, cintrées comme l'entrée d'un terrier, valurent aux femmes de mœurs faciles, qui s'y embusquaient penchées, le nom de "castors" et de "demi-castors". [...] Liée d'amitié avec le poète depuis de longues années, je n'en profite pas pour l'envahir à toute heure. Mais ses travaux variés rendent jalouse une gratteuse de papier, et il y a bien de quoi. D'abord ils ne demandent pas le secret ni l'isolement. Le vitrage cintré les expose. Si le passant levait la tête, il verrait sur un grand panneau quelque torse héroïque crayonné, ou le portrait d'un cheval, ou une maquette de décor, ou l'auteur lui-même, sa huppe de cheveux crépelés, sa maigreur de lévrier, sa manche relevée sur la main sarmenteuse. »

En 1944, dans *Le Journal sous l'Occupation*, Cocteau décrit, à son tour, son illustre voisine :

« De la fenêtre ouverte de ma nouvelle chambre, je vois Colette, assise dans les jardins du Palais-Royal, sous son appartement. Je la distingue à peine. C'est une grosse mouche dorée qui se chauffe. »

Des années durant, les deux écrivains se guetteront et se rendront visite. Le Palais-Royal est un village pour ceux qui ont choisi d'y habiter. Pauline, la gouvernante des Goudeket, parlera bientôt avec Madeleine, celle de « Monsieur Jean », et les chats des uns et des autres tiendront une grande place dans ces entretiens.

Fidèle à ses habitudes, Cocteau reçoit en peignoir

éponge dans sa cuisine. Sur des tableaux noirs accrochés aux murs de l'entrée, il écrit rendez-vous et adresses. La matinée terminée, il aime à se rendre au restaurant du Grand Véfour où le retrouve parfois Emanuel Berl, un autre voisin. Jusqu'à ce qu'il jette son dévolu sur La Maison du Bailli à Milly-la-Forêt, le minuscule appartement de la rue Montpensier est son port d'attache. Il y vit la guerre, une guerre qui rend d'autant plus inquiète Colette que Maurice Goudeket est juif. Questionné, il sera emmené jusqu'au camp de Compiègne et il faudra que sa compagne utilise toutes ses relations (dont Sacha Guitry) pour qu'il soit relâché avant la déportation vers l'Allemagne. A presque soixante-dix ans, Colette souffre d'arthrose et subit des traitements fort douloureux qui néanmoins ne l'empêchent pas d'écrire, car payer les déplacements de Maurice afin qu'il gagne la zone libre l'oblige à travailler sans relâche. Elle livrera *Trois... six... neuf*, *De ma fenêtre* et imaginera *Gigi*.

Les hostilités terminées, la romancière entre dans la dernière décennie de sa vie. Clouée sur son lit ou sur son fauteuil, elle sort peu, sinon pour se promener en bas de chez elle ou rassasier son appétit dans les restaurants avoisinants.

Pendant ce temps, Cocteau prépare le scénario de *La Belle et la Bête*, une nouvelle féerie à laquelle participera le grand complice Christian Bérard.

« Voir travailler Christian Bérard est un spectacle extraordinaire. Chez Paquin, parmi les tulles et les plumes d'autruche, barbouillé de fusain, couvert de sueur et de taches, la barbe en feu, la chemise qui sort, il imprime au luxe le sens le plus grave. »

Josette Day jouera la Belle tandis que Jean Marais incarnera la Bête. Le début du tournage se situe en Tou-

raine, à Rochecorbon, mais Cocteau, souffrant de furonculose, en gardera un effroyable souvenir.

« Nuit épouvantable. Démangeaisons au visage, à la
main droite. Gencives. Œil. Il pleuvait. Angoisse d'être
empêché dans la suite de mon travail par les microbes. »
Somptueux, le film obtient les éloges de la critique
et du public. Son auteur peut, alors, se retirer à Milly
pour réfléchir à *La Difficulté d'être*. Loin du tumulte de
Paris et des visiteurs souvent importuns, qu'il ne sait pas
mettre à la porte, il disserte sur le style, le travail, se souvient de Nijinski, de Diaghilev et, sans détours, se met à
nu :

« J'ai dit quelque part que je savais mieux faire
l'amitié que l'amour. L'amour est à base de spasmes
brefs. Si ces spasmes nous déçoivent, l'amour meurt. Il
est bien rare qu'il résiste à l'expérience et devienne amitié. L'amitié entre homme et femme est délicate, c'est
encore une manière d'amour. La jalousie s'y déguise.
L'amitié est un spasme tranquille. Sans avarice, le bonheur d'un ami nous enchante. Il nous ajoute. Il n'ôte
rien. Si l'amitié s'en offense, elle n'est pas. Elle est un
amour qui se cache. Je crois bien que cette rage d'amitié
que j'eus toujours me vient des fils dont on me frustre.
Faute de les avoir, je m'en invente. Je voudrais les édu-
quer. Mais je m'aperçois que ce sont eux qui
m'éduquent. »

En 1947, lors de la rédaction de ces lignes, la relation Cocteau-Marais a, en effet, pris la couleur d'une
tendre amitié. Face à la jeunesse du comédien, face à
l'attrait de celui-ci pour de nouvelles aventures, le poète
a appris à discipliner ses propres sentiments.

Si en juillet 1939, il lui écrit :

« Ce dimanche était de la vie. Tu me fécondais et je
te fécondais. Nous vivions vite et haut à des kilomètres
au-dessus des petites tapettes et des histoires parisiano-

new yorkaises. Ce que je voudrais c'est que notre amour soit excessif, continuellement pareil aux œuvres. Toujours en pointe, en scandale, en force [1]. »

Et encore en 1939 :

« Si désormais je parviens à créer une œuvre nouvelle, c'est à cause de ton soleil sur ma pauvre terre aride et qui menaçait de mourir. Je débute — grâce à toi. Je respire — grâce à toi [2]. »

Quinze ans plus tard, en 1954, il avouera : « On coupe toujours des fils de l'âme et je n'ose penser à ta chambre vide à Milly. »

Puis en 1959 :

« Mon Jeannot tu ne m'as jamais fait de peine — un peu d'ombre si le soleil tourne et se couche — ne te reproche "rien". Nous sommes les domestiques d'un sort qui commande et auquel nous ne devons pas désobéir [3]. »

Des hommes qu'a approchés Jean Cocteau, Jean Marais est le premier à avoir rompu l'affreux engrenage :

« L'avion de Garros brûle. Il tombe. Jean Le Roy range ses lettres en éventail sur sa cantine. Il empoigne sa mitrailleuse. Il meurt. La typhoïde m'emporte Radiguet. Marcel Khill est tué en Alsace. La Gestapo torture Jean Desbordes.

Je sais bien que je recherchais l'amitié des machines qui tournent trop vite et qui s'usent dramatiquement. Aujourd'hui l'instinct paternel m'en éloigne. Je me tourne vers ceux qui ne portent pas l'étoile noire. Maudite soit-elle ! Je la déteste [4]. »

Cocteau, Marais... On ne peut citer l'un sans évoquer l'autre. Pendant de longues années, ils vivront

---

1. Lettres à Jean Marais.
2. *Idem.*
3. *Idem.*
4. *La Difficulté d'être.*

ensemble le quotidien du Palais-Royal et Colette sera sous le charme du jeune homme.

« Ce grand archange aux traits sévères que la scène dispute à l'écran, l'écran le reprend à la scène ; il ploie pour entrer chez moi ses ailes qu'il heurte à des portants et brûle aux sunlights. Il ne se plaint pas et exerce sa patience d'ange. Mais il essaie souvent de s'évader. Parfois, il y arrive, en empruntant le tunnel d'un petit entresol très bas de plafond. Les genoux au menton, les coudes aux flancs, courbatu et heureux, penché sur un panneau pas plus grand qu'une boîte à cigares, il a peint pour moi un bon bout d'immensité.

Après quoi il est venu me l'apporter, m'a embrassée, n'a pas froissé mes jambes lésées, ni bousculé ma table-banquette, ni fait choir mes lunettes. Il poussait son front, son front de "Bête" — sa fauve fourrure de cheveux, ses naseaux froncés entre mon oreille et mon épaule — sans le moins du monde m'écraser, à sa bonne manière filiale et puissante [1]. »

Ce sera Jean Marais qui, pour le cinéma, incarnera le personnage de *Chéri*.

La romancière est maintenant immobilisée par l'arthrose. Allongée sur son lit, elle écrit sur une table qui, semblable à un petit pont, enjambe sa couche. Entourée des objets qu'elle aime, de sa collection de sulfures et de ses chats, choyée par Maurice Goudeket qu'elle a fini par épouser, elle est devenue la plus célèbre femme de lettres de son temps. Sur les fameuses feuilles de papier bleu, elle noircit encore des lignes destinées à des articles et à des discours. Pour travailler, elle a besoin de certaines habitudes : il lui faut être pieds nus, avoir les jambes étendues et être couverte. La chaleur lui est, en effet, indispensable.

---

1. *Le Fanal bleu.*

Pour Roger Stéphane, Jean Cocteau a brossé un portrait de sa voisine :

« On la connaît très mal. Colette était très violente, elle avait des griffes dans des gants de velours. J'allais la voir presque tous les jours à la fin. »

Il est amusant de constater que ces deux brillants parleurs vont être intimidés le jour où des journalistes de la radio, ayant décidé de leur consacrer une émission, les obligent à s'exprimer devant un microphone.

Colette raconte :

« Je surpris dans l'œil bien coupé de Jean une appréhension qu'il dut rencontrer dans le mien. Il s'agissait d'improvisation et j'improvise mal. Et je ne me familiarise pas avec cette campanule, cette poire, ce concombre, ce... machin, que déjà nous tendait une main insidieuse. [...] Je ne riais pas. Jean Cocteau non plus. Il ferma les yeux, se voila le visage de ses longues mains et démarra courageusement. J'admirai sa diction, ses ralentis opportuns, le ton varié d'un orateur musicien. Je répliquai de mon mieux... Mon mieux n'était pas très bien [1]. »

La perte irréparable d'un ami les meurtrit. Jean Cocteau n'a pas terminé de boucler ses bagages pour partir en Égypte, afin d'y accompagner une tournée, qu'il apprend le décès de Christian Bérard. Il est tombé « foudroyé par on ne sait quel coup de feu dans la tête ». La mort de celui qui a participé à tant de créations laisse au poète « un vide qui ressemble à quelque mal de mer, un mal au cœur de l'âme insupportable ». Refusant d'admettre l'inacceptable, il le revoit, à Milly, « s'acharnant, dans la chambre où j'écrivais mon film *Orphée* à costumer, à dessiner, à mouvoir le personnage de la

---

1. *Le Fanal bleu.*

Mort. Ce furent ses dernières recherches de mode. Et il disait "La Mort" doit être la femme la plus élégante du monde puisqu'elle n'est occupée que d'elle même ».

La Mort... Colette commence à en connaître l'antichambre. Souffrant de plus en plus, elle séjourne de longs moments à Monte-Carlo où elle subit un traitement susceptible d'adoucir cette arthrose qui ne la laisse plus en paix.

Jusqu'à la disparition de la romancière, Cocteau lui rendra visite, la trouvant parfois somnolente et confuse ou, au contraire, animée par l'énergie qui, durant tant d'années, l'a aidée à tracer le chemin menant à l'Académie Goncourt et à l'Académie royale de Belgique où elle accède au fauteuil qu'avait occupé avant elle Anna de Noailles. Après le décès de celle qu'elle appelle « la Grecque des Parvis », elle avait écrit :

« Au bord d'un lac, un jardin va se parer pour attendre que, les cheveux en nappe, répandus sur son col marin, l'enfant qui eut faim et soif de la nature, écoute les voix de l'univers, revienne et poursuive des jeux, des promenades, une rêverie translucide [1]. »

Curieux signe du destin, lorsque Colette disparaîtra à son tour, ce sera à Jean Cocteau que sera attribué le fauteuil où l'ont précédé les deux femmes qui, pour des raisons différentes, ont été ses égales dans l'acte d'écrire. Anna de Noailles... Colette... la boucle se referme ; la première vivait dans un univers éthéré, la seconde avait besoin de se sentir rivée à la terre, l'une cultivait à l'extrême les raffinements de l'esprit tandis que l'autre s'attardait sur les errances et les faiblesses des humains, mais toutes deux se sont vouées à l'art difficile, exigeant,

---

1. *En Pays connu.*

de voir, d'écouter et de témoigner. Ce que Cocteau a fait, lui aussi, en utilisant néanmoins davantage de moyens (picturaux, cinématographiques).

La célébrité, les honneurs n'ont pas éloigné ces artisans du mot juste, de la phrase qui trouve en chacun de nous un écho. Une lettre de Colette en témoigne :

« Cher Jean qui m'as hier soir jetée à la foule, j'étais bien trop troublée pour te dire merci. Mais nous n'avons jamais eu besoin de beaucoup de paroles. Rien ne t'échappe de ce qui m'attache à toi, mon jeune frère, qui en tout es mon aîné, magiquement. Nous t'embrassons, Maurice et moi, de tout notre cœur. »

Le périple de la petite villageoise bourguignonne touche à sa fin. Existe-t-il en cette première partie du XXe siècle évolution plus surprenante? Rien ne manque, en effet, dans les pérégrinations de celle qui, grâce à sa certitude intérieure et à son obstination, se hissa au faîte d'une carrière que des choix pas toujours excellents, des scandales, le manque d'argent et la maladie auraient, nombre de fois, pu ralentir.

« Je pensais hier soir à la destinée de Colette, première dame de France, vénérée à gauche et à droite, grand officier de la Légion d'honneur. Le scandale du Moulin Rouge. L'époque des gifles, des coups de canne, des duels. Colette sur scène en pharaonne du style "petit faune" dans une crypte où la marquise de Morny (Belbeuf) sortait d'un sarcophage et dansait avec elle en costume de pharaon [1]. »

Mais Colette aime par-dessus tout la vie, et cette aptitude s'est révélée sa meilleure alliée. Tour à tour cigale et fourmi, elle a bâti un monde dont la Femme est le pivot. Une femme glorieuse, vulnérable, parfois per-

---

1. *Passé défini*, 22 février 1954.

due, toujours attachante, une femme porteuse d'amour et, par ce fait même, vouée aux blessures secrètes et souvent mal refermées. D'ailleurs ses semblables ne s'y trompent pas et c'est parce qu'elles se retrouvent dans les héroïnes qu'a brossées l'écrivain que de nombreuses femmes sont affectées à l'annonce du décès de celle à qui l'Église refuse un enterrement religieux.

Le 4 août 1954, Jean Cocteau apprend la triste nouvelle. En *Adieu à Colette*, il écrira :

« Colette n'était pas un appareil traversé d'ondes et de secousses, une de ces dangereuses machines humaines dont Nietzsche dit qu'elles peuvent sauter. Colette était une belle huile qui brûle. Déjà à Monte-Carlo sa flamme était bleue et basse. Elle savait que de son huile il ne restait que quelques gouttes. Elle était triste. Elle ne dormait plus, elle dort. Elle souffrait, elle ne souffre plus. Bien sûr que mon Palais-Royal sans elle, ce n'est plus mon Palais-Royal. Mais ce serait de l'égoïsme que de m'en plaindre. »

Il ajoutera : « Elle a quitté son corps comme une chatte. Et c'est comme une chatte qu'elle me rendra visite, sans ouvrir les portes. »

En dépit de la position du clergé, Colette obtient des funérailles nationales. Au milieu de la cour d'honneur du Palais-Royal, on a dressé un catafalque recouvert d'un drapeau tricolore. Mais, malade, Jean Cocteau ne peut venir rendre un dernier hommage à celle qui, par ses paroles mais aussi par ses actes, l'a toujours défendu. Les critiques théâtrales réunies dans *La Jumelle noire* en constituent la preuve. N'y a-t-elle pas souligné, le 15 avril 1934, dans un compte rendu de *La Machine infernale* :

« Bénéficiant d'un privilège unique, Jean Cocteau a gardé ce que nous avons tous perdu : la fantasmagorie intime. Il ne connaît ni domaines interdits, ni routes brouillées, ni seuils effacés. L'ourlet de feu qui cernait, comme une image prometteuse de foudre, les prodiges familiers du jeune âge, ne s'est pas encore éteint pour Cocteau. »

Et, lorsqu'elle avait évoqué *Les Chevaliers de la Table ronde*, le 24 octobre 1937, n'avait-elle pas en quelques lignes mis en lumière ce que d'autres, après elle, ne manqueront pas de répéter :

« La place qu'occupe Jean Cocteau dans la littérature empiète sur deux siècles (le XIXe siècle ne prend fin en réalité qu'en 1914). Appliquées à lui, les définitions de l'homme de lettres et du poète craquent, trop étroites comme l'écorce des essences hâtives. Sa curiosité, son influence visitent et élargissent toutes les formes de l'art; il pressent, souvent détermine la mode dans tous les domaines — aucun domaine n'échappant à la mode — et s'il use du droit de nous étonner, émerveillons-nous qu'il n'ait jamais éprouvé le besoin de détruire. »

... Mais comment aurait-il été envisageable que la pensée d'un homme ayant, comme elle, aspiré à la liberté, ayant, comme elle, vécu pour les mots et dans le goût du risque, comment aurait-il été envisageable que cette pensée lui échappât?

Francine Weisweiller
[1916-....]

Toutes les amies de Jean Cocteau se sont mesurées à la création, toute sauf Francine Weisweiller qui a privilégié les rôles de mécène et de confidente.

Francine Worms est née le 9 janvier 1916 à São Paolo, au Brésil, et ce ne sera qu'à l'âge de trois ans qu'elle gagnera la France pour s'installer à Paris avec ses parents.

Après un premier mariage qui tourne court, elle rencontre, en 1940, Alec Weisweiller dont le grand-père Alexandre Deutsch de la Meurthe a su transformer, au bon moment et avant tout le monde, une huilerie en usine pour raffiner le pétrole. Il est ensuite devenu l'un des plus gros actionnaires de la Shell française.

La guerre contre l'Allemagne a éclaté quand Alec épouse Francine, en juin 1941, à Cannes. Peu après la naissance de leur fille, Carole, en juillet 1942, ils sont obligés de fuir la Côte d'Azur pour se cacher dans les Pyrénées. Réussissant à échapper aux persécutions contre les juifs, ils reviennent à Paris, après la Libération. Alec Weisweiller est alors à la tête d'une considérable fortune et il commence à se passionner pour les chevaux de courses. Francine, quant à elle, cherche à pénétrer le monde des arts et Cocteau la découvrira, en 1950, sur le plateau où Jean-Pierre Melville tourne *Les Enfants terribles*. Elle y accompagne une parente, Nicole Stéphane, qui joue le rôle d'Élisabeth.

Un dîner est organisé 4, place des États-Unis, où vit le couple Weisweiller (non loin de l'hôtel particulier des Noailles). Sensible au charme de son hôtesse, à sa curiosité d'esprit, Cocteau devient rapidement un familier des lieux. Il s'y sent d'autant plus compris et apprécié qu'Alec Weisweiller décide d'aider le financement des *Enfants terribles* qui connaît des soucis de production. Mais, au-delà des apparences matérielles, une amitié réelle et sincère naît entre l'homme vieillissant et Francine dont il loue l'originalité et la générosité.

Dans *Le Passé défini*, il note, le 16 juillet 1951 :

« Francine a tué en moi l'idée du *tien* et du *mien*, véritable drame de l'éducation bourgeoise. »

A soixante-deux ans, Jean Cocteau est enfin parvenu à réunir autour de lui la famille dont il rêvait. Avant de rencontrer Francine, il a en effet découvert celui qui sera son fils, ce fils tant espéré...

C'est en juillet 1947, chez Paul Morihien, le fameux libraire du Palais-Royal, l'éditeur de *La Difficulté d'être* et, pendant un temps, l'un des copropriétaires de Milly, qu'il croise le chemin d'Édouard Dermit. Et, cette fois-ci, son intuition ne s'est pas fourvoyée. Le bel inconnu ne lui sera pas repris par le destin. Non seulement l'étoile noire ne le menace pas mais la chance a décidé de sourire à Édouard qui, né en 1925 à Gallignano, a travaillé dans les mines de fer lorsque ses parents slovènes ont émigré en Lorraine. Elle l'a pris sous ses ailes protectrices afin de donner une descendance spirituelle à celui que l'élaboration d'une œuvre et la célébrité ne parviennent pas à rendre heureux.

Engagé comme jardinier, Édouard s'est installé à Milly, mais Cocteau ne songe bientôt plus qu'à le placer devant les caméras. Il sera Paul, le frère d'Élisabeth, dans *Les Enfants terribles* et Cégeste dans *Orphée* dont le tournage a lieu pratiquement au même moment.

Le 13 novembre, le poète note dans *Le Passé défini* :

« Cette nuit, je me demandais quels pourraient être les défauts d'Édouard. Je n'en ai trouvé aucun. »

Et le 16 août 1952 :

« Je crois qu'il n'existe personne plus parfaite que Francine Weisweiller sinon Édouard Dermit, auquel on chercherait en vain à faire un reproche. Sa pureté de bloc, son étoffe d'âme sont incroyables. Ma seule gloire en ce monde sera d'avoir mérité l'amitié de ces deux êtres surnaturels. »

Dans *Orphée*, Cégeste représente le Poète jeune, contrairement à Orphée (joué par Jean Marais) qui incarne le Poète parvenu à l'âge mûr. Sous les traits de la Princesse, Maria Casarès y est la Mort. Le cheval que l'on avait vu dans la pièce est représenté par une Rolls-Royce dont le poste de radio émet des messages de l'au-delà, et Heurtebise n'est plus vitrier mais chauffeur. Quant aux enfers, ils ont pris le nom de « Zone ».

A propos de la Rolls-Royce, Jean Cocteau écrira plus tard, le 6 septembre 1958, à Philippe Derome :

« Ce n'est pas au hasard que cette Rolls joue un rôle dans *Orphée*. J'ai même eu beaucoup de mal à découvrir ce modèle classique et, en outre, il me fallait trois voitures pareilles, à cause des prises de vue à l'intérieur et des transparences (miroir). (La transparence exigeait qu'on démantibule toute la carrosserie.) L'Allemagne estime que cette Rolls est *la voiture mère* (le terme est le même que mort dans les grandes langues mortes). Ils disent que c'est elle (la mère) qui tue l'épouse — car Orphée ne se retourne pas vers Eurydice mais la voit dans le rétroviseur. Je n'avais pas songé à ce rôle criminel de ma Rolls. Il est vrai que l'exégèse est une muse. Elle nous enseigne ce que nous avons mis dans notre œuvre à notre insu. »

Privé de Christian Bérard, Jean Cocteau brosse lui-même les décors du film.

« C'est parce qu'il était impossible de confier à un autre cette *Zone* qu'il voulait, comme moi, sans lyrisme et antidantesque, cette Zone dont je possède une suite de gouaches qui s'apparentent aux rues du rêve de la Halle aux Vins que je tournai dans les ruines de Saint-Cyr. [...] La mort de Bérard est irréparable. C'était le seul à comprendre que la féerie s'accommode mal du vague et que le mystère n'existe que dans les choses précises. »

Une nouvelle fois, Cocteau nous démontre avec cette œuvre que, pour lui, les mondes des vivants et des morts ne connaissent pas de frontières.

« Les miroirs sont les portes par lesquelles la mort vient et va. Du reste, regardez-vous toute une vie dans un miroir et vous verrez la mort travailler comme les abeilles dans une ruche de verre. »

Orphée remporte le prix de la Critique au festival du Film de Venise et Cocteau, délivré pour un temps du joug du cinématographe, peut s'accorder des jours de liberté à Santo Sospir, la propriété que possède Francine Weisweiller au Cap-Ferrat.

En ce début des années cinquante, la Côte d'Azur brille de tout son éclat. De Monte-Carlo à Toulon s'égrènent palaces et villas où les habitués et les étrangers aiment à se donner rendez-vous. Francine a, quelques années plus tôt, éprouvé un véritable coup de foudre pour cette maison dont la terrasse surplombe les rochers et la mer. Elle y entraîne Cocteau et Dermit :

> « Un jour, madame Weisweiller m'a dit : Vous êtes fatigué, venez donc passer cinq ou six jours chez moi, sur la Côte d'Azur, à Saint-Jean-Cap-Ferrat. [...] Et j'y ai passé quatorze ans ! Et elle est ma meilleure amie. Et j'ai décoré toute la maison... »

Francine lui a, en effet, offert ses murs. Fort de la prophétie de son ami Matisse : « Quand on fait un mur, on en fait un autre, et quand on en fait un autre, on en fait encore un autre »... le poète se mettra à l'ouvrage. Séduit pas l'aspect simple et quasi-monacal de la demeure, il la « tatouera », pièce après pièce, des mythes qui lui sont chers.

A mesure que le travail avance, il décide de tourner un documentaire qu'il baptisera *Santo Sospir*.

> « Viens de revoir tout le film. Il me semblait normal. C'est notre existence quotidienne à Santo Sospir. J'oubliais que notre existence doit être incompréhensible à cause de sa simplicité. Il en résulte que le film est aussi insolite que *Le Sang d'un poète* à son époque. »

De son côté, Francine fait exécuter par l'atelier Bouret à Aubusson la tapisserie *Judith et Holopherne* dont Cocteau a préparé les cartons entre 1948 et 1950. S'inspirant de l'Ancien Testament, il a représenté Judith enveloppée comme une momie de bandelettes et tenant entre ses mains la tête du général Holopherne qu'elle a tué afin de libérer les juifs de la tutelle du roi de Babylone. Une nouvelle fois, la femme est porteuse de mort... même si par cet acte elle se condamne elle-même au néant.

« Judith a cessé d'être femme. Elle est le sarcophage de son acte. Elle traverse les groupes de gardes comme un somnambule, la tête de sa victime entre ses mains. »

Santo Sospir accueille la tapisserie et Cocteau ne peut que se sentir heureux dans ce lieu où tout lui est devenu familier. Mais cette situation aurait-elle pu exister du vivant de Mme Cocteau ? On a le droit d'en douter. Si Francine Weisweiller ne tient pas, de par son âge, le rôle de mère, elle en est néanmoins un substitut. Auprès d'elle, il trouve le foyer, la compréhension, l'aide financière qu'Eugénie lui a donnés tout au long de sa vie. En revanche, Francine ne lui ressemble ni physiquement ni intellectuellement, et c'est bien ainsi. Eugénie était mélancolique, inquiète, bourgeoise, empêtrée dans ses interdits, ses messes et ses regrets. Francine, malgré une santé souvent déficiente, est prête à tout... voyages, emballements, loisirs, réceptions, cela en veillant sur le poète fatigué qui, au tournant d'une vie tumultueuse et dédiée à une œuvre qui ne laisse pas en paix, a besoin de sa sollicitude, de sa jeunesse et du souci qu'elle a de satisfaire ses désirs.

« J'ai beaucoup vaincu en moi la paresse que donne "l'à quoi bon" à cause de Francine. Son plaisir, c'est le plaisir des autres. Et à ses efforts, il est naturel de répondre par un effort. Prendre des places à l'avance, organiser un voyage, penser aux anniversaires, commander des chemises, etc... tout cela me semblait insurmontable. Mais comme elle commande, organise et fait prendre les places — on ajoute à la reconnaissance le courage qui manquait pour les valises, par exemple, ou les passeports. Elle entraîne sur les routes précises alors que je m'égarais dans le vague ou, par crainte de m'égarer dans le vague, que je restais sur place, par à quoi bonisme [1]. »

Au Cap-Ferrat, il reforme ce faux couple qu'il formait rue d'Anjou avec Eugénie... et l'étui qu'il offrira à Francine démontrera, grâce au mot qui l'accompagne, qu'il y a eu passation de pouvoir.

« Ma Francine, ne trouvant rien digne de toi, accepte cet étui que maman gardait toujours auprès d'elle. Il deviendra un porte-chance où je cache aux yeux de tous les pensées de mon cœur. Jean [2]. »

Ce duo se transforme néanmoins en trio puisque s'y mêle Édouard Dermit. Dans *Le Passé défini*, Cocteau loue, le 7 octobre 1951, la perfection du cœur et l'élégance de l'âme de Francine « qui empêchent la véritable famille de prendre ombrage de l'amitié qu'elle me porte et de la voir traiter mon fils adoptif comme un frère. »

A l'abri de la foule et des importuns, le poète réfléchit à ses ouvrages à venir. Pour mieux sauvegarder sa tranquillité, son hôtesse lui a fait construire un atelier jouxtant la maison et dans lequel il pourra écrire, fumer l'opium (une habitude dont les cures de désintoxication ne sont pas venues à bout) et lire les romans policiers et de science-fiction dont il raffole.

Stimulé par les encouragements du poète, Édouard exerce son don de peintre et réalise les toiles qui seront bientôt exposées à Paris.

« Ce qui m'étonne chez Doudou, c'est que plus il travaille sur une toile, plus il insiste, plus la fraîcheur apparaît au lieu de disparaître. Son esquisse manque généralement de fraîcheur. C'est à force de travailler qu'il la trouve. Avec toutes les peines du monde, il déballe son âme en formes et couleurs [3]. »

---

1. *Le Passé défini*, 11 juillet 1952.
2. Album Cocteau de Pierre Chanel.
3. *Le Passé défini*, 17 septembre 1952.

De longs intermèdes sont réservés aux baignades, aux conversations (Cocteau aime raconter ses souvenirs) et à l'écoute des disques que Francine achète chez le disquaire de Villefranche. Il y a aussi les promenades en mer, à bord du yacht : *Orphée II*. Un départ pour l'Italie et la Grèce a lieu, et de nombreuses photographies illustreront le périple : Jean et Francine dans une gondole à Venise, Jean et Francine devant l'Acropole à Athènes. Leur duo plaît à la presse. Mais a-t-il existé un moment dans la vie du poète où l'ont oublié les journalistes? « Je suis un inconnu célèbre », a-t-il pris l'habitude de répéter. Il précise aussi que « cet autre », celui dont on relate les faits et gestes, ne lui plaît pas et que, s'il le rencontrait, il refuserait de lui serrer la main... pour conclure que « la célébrité vient de mille bruits faux, de rumeurs confuses... puis viendra le jour où l'œuvre vivra à notre place. »

Cette œuvre, il n'en perd pas le fil puisqu'il commence à rédiger *Journal d'un inconnu* où il mêle ses considérations sur « l'invisibilité » qui lui semble être la condition de l'élégance, sur la naissance d'un poème, sur la « mémoire », sur « l'amitié » et surtout sur les « distances ».

> « La vie, la mort des mondes demeurent la grande énigme. Il est probable qu'il y a encore là des perspectives. Que ni vie ni mort ne comptent. Que tout se dévore et se transforme dans un immobile qui est une catastrophe ininterrompue où le vacarme nous est silence, où ni le silence ni le vacarme ne comptent davantage que la vie et que la mort. »

La ronde des planètes, les mondes éloignés et l'existence des soucoupes volantes l'intéressent au plus haut point. Il n'y a qu'à lire ce qu'il a écrit dans *Le Passé défini*, le 5 juin 1952, alors que les journaux commentent l'apparition d'engins non identifiés :

« Il est probable que les soucoupes signalées partout à l'heure actuelle ne sont qu'une, la même, qui a perdu sa formation et se demande avec angoisse comment la rejoindre. Si je devine juste, les créatures qu'elle abrite doivent vivre un drame terrible et circuler à une vitesse vertigineuse d'un point à un autre de notre ciel, s'approchant peu de notre globe et fuyant comme des flèches dès qu'elles se sentent observées. »

Comment un homme qui a toujours refusé les frontières entre le visible et l'invisible, comment un homme qui, par la pensée, se meut à travers le cosmos, qui signe son nom en l'accompagnant d'une étoile, comment ne serait-il pas tenté d'espérer que d'autres civilisations peuplent l'univers. Ses dessins confirment cette supposition : ange accompagné d'une soucoupe volante... et, d'une approche plus classique, sa série des quatre astrologues.

Dans sa retraite ensoleillée, Cocteau écrit un poème en vers, *le Chiffre Sept* et un autre en prose, *Appogiatures*. Mais le Cap-Ferrat ne lui fait pas oublier Milly où l'attendent son chien et ses chats. Si la coutume est de passer Noël avec Francine, sa fille Carole et Édouard (surnommé Doudou) place des États-Unis, le 1er janvier est fêté dans la demeure du poète. Pour célébrer l'année 1953, Francine lui offre un magnifique miroir exécuté par Gustave Doré et ayant appartenu à l'épouse du tsar Alexandre III.

La Maison du Bailli, dont le décor n'a jusqu'à présent pas changé, est un parfait reflet de son propriétaire puisqu'il y a rassemblé les souvenirs qui lui sont précieux. A l'extrémité de la rue Lau s'ouvre la porte qui donne accès au jardin ceinturé de douves. De chaque côté du perron, deux sphinx en pierre accueillent les visiteurs qui, après être entrés dans le vestibule, découvrent le portrait d'Eugénie Cocteau par Wencker. Un pastel de Christian Bérard représentant Œdipe et le Sphinx a les honneurs du salon où s'épanouissent les palmiers dorés offerts par Francine. Partout, les animaux s'imposent, en bronze, en bois, en étain ou en papier mâché. A l'étage, un tissu rappelant la panthère ajoute une touche d'exotisme à cet endroit qui privilégie le baroque et un certain style Tudor. Des dessins sont punaisés sur la moindre surface libre, des piles de livres s'accumulent et les fameux tableaux noirs ne sont pas oubliés. Une vie se raconte là, éclectique, passionnée, oscillant entre le passé et le mépris des conventions. Mais si, de prime abord, Cocteau semble se dévoiler, ce n'est que pour mieux égarer ceux qui ont voulu venir jusqu'à lui. Bien qu'en ayant commencé de rédiger depuis 1951 son journal il donne quelques clés sur sa personnalité et son œuvre, il échappe toujours à ceux qui croient l'avoir perçu. Cet acte ne doit pourtant pas être considéré comme volontaire, car Cocteau passe de l'état de veille au monde des rêves et, par ses dons de visionnaire et de médium, tente d'approcher le grand mystère dans lequel nous sommes tous plongés.

Cette mort qu'il a si souvent évoquée tente de l'entraîner à travers le miroir, le 9 juin 1954, alors qu'il quitte le bureau de Claude Gallimard, rue Sébastien-Bottin à Paris.

Il propose à son ami Marcel Jouhandeau, rencontré dans les locaux de la maison d'édition de le déposer place de l'Étoile avec sa voiture que conduit un chauffeur mais, en chemin, un violent malaise le submerge. Son état l'affole et affole Madeleine, sa gouvernante, lorsqu'elle lui ouvre la porte de l'appartement, rue Montpensier. Francine est immédiatement prévenue et, grâce à son intervention, le professeur Soulié, éminent cardiologue, se rend au chevet du malade, puis diagnostique un infarctus du myocarde. Les soins s'organisent, mais il faudra plus de dix jours pour que Jean Cocteau puisse reprendre son *Journal*. C'est un homme très affaibli, découragé et démuni qui note le 21 juillet 1954 :

« Il faut s'aimer beaucoup pour supporter une longue convalescence. Se dire "je vais me retrouver bientôt". C'est merveilleux. Hélas, ce n'est pas mon cas. »

Un médicament, le Tromexane, le rend inquiet, voire angoissé. Fantasmes et papillons noirs le hantent des nuits entières et, pendant sa convalescence qui se déroule au Cap-Ferrat, il avoue :

« L'équilibre de l'âme est d'une effrayante instabilité. Une présence, un objet, une chambre, un voyage produisent sur certains psychismes la même perturbation. »

Si le Tromexane est en partie responsable de son état... on ne côtoie pas la mort, surtout s'agissant de Cocteau, sans en être intellectuellement et spirituellement ébranlé. Les années et les projets lui sont maintenant comptés et, même s'il répète qu'il ne craint pas de quitter le monde visible, le voilà néanmoins à l'heure des bilans. Son œuvre est derrière lui, souvent empreinte de soufre et de scandale... le dernier remontant à 1951 puisque, l'âge n'effaçant pas les antagonismes, il s'est officiellement querellé avec son vieil ennemi François Mauriac qui lui reprochait d'avoir écrit *Bacchus*, une pièce se déroulant au XVIe siècle dans un village allemand.

Dédiée à Francine qui en possède le manuscrit, elle a été jouée au Théâtre Marigny, par la troupe de Jean-

Louis Barrault. Jean Cocteau nous y conte l'histoire de Hans, l'idiot de la bourgade qui, à l'insu de tous, a retrouvé sa lucidité. Une coutume païenne lui permet d'être sacré Bacchus et d'avoir pendant une semaine tous les pouvoirs. Il en profite pour lutter contre les injustices et l'ordre établi. Tour à tour, il s'élève contre la Réforme, l'élite, le monde des finances. Grâce aux dialogues de ses personnages, l'auteur s'interroge sur l'impuissance de l'humanité, sur la bêtise des institutions, le péché originel et l'éternité. Et, par la bouche de Hans, il fait prendre conscience à la jeune fille qu'aime son héros de l'importance des sentiments charnels dans une relation affective :

> « Hans : Je suis le feu, vous êtes la glace. C'est une belle rencontre et qui rage et qui ravage, et lorsque le feu rouge pénètre la glace, elle crache la colère comme mille chats. »

Lors de la première représentation, Mauriac est horrifié d'entendre l'Église qualifiée de « femme tronc ». Il quitte sa place et attaque Cocteau dans *Le Figaro Littéraire*. Celui-ci, bien entendu, rétorque et le 30 décembre 1951 répond dans *France-Soir* avec « Je t'accuse ! Lettre ouverte à François Mauriac », qu'il termine par :

> « Je t'accuse d'agir sous l'influence de petits mobiles que tu déguises en principes moraux.
>
> Je t'accuse de ne respecter qu'une seule tradition de la France. Celle qui consiste à tuer les poètes. Adieu. »

Un tel duel ne peut que servir le spectacle qui déjà connaissait les faveurs du public. Et lorsqu'il sera joué à Düsseldorf, ce sera un véritable triomphe.

Mais, en ce début d'été 1954, alors qu'il est condamné à l'immobilité, Cocteau se souvient-il de cette dernière passe d'armes ? Malgré sa fatigue, il tente de se concentrer sur le travail à venir qui sera cette fameuse

Corrida du 1er mai dans laquelle, en analysant les rôles du torero et du taureau, il développe son idée du masculin et du féminin.

Jean Cocteau voue une passion à l'Espagne. Au cours de son voyage en 1953, avec Francine et Doudou, il a découvert les gitans dans les caves de Barcelone.

« Jusqu'à trois heures du matin nous verrons un spectacle sublime et propre à réconcilier avec le genre humain. Les gitans qui chantent et qui dansent. (Chacun possède son "génie", ses gestes propres, son rythme de pieds, ses gestes de doigts, ses trouvailles.)

Ils sanglotent et crachent des fleurs de feu qu'ils piétinent pour les éteindre [1]. » Il assiste aussi aux corridas.

« Si l'avant dernière course était un drame, celle d'hier était une tragédie magnifique. Toreros roulés, pantalons déchirés réparés avec des épingles anglaises, taureaux énormes pareils à des machines de guerre imaginées par Léonard, boléros bordés d'or et d'argent, matador porté en triomphe par les jeunes spectateurs de la course. »

Madrid, Grenade, Jerez, Séville seront les étapes suivantes et les liens se resserreront entre le voyageur et son pays d'accueil.

« L'Espagne est la seule nation où je puisse dire sans ridicule "Je viens d'écrire un poème". "En France, je m'excuse presque de ce que j'écris. La superbe espagnole permet cela [2]. »

Un an plus tard il y est retourné, peu de temps avant cette crise cardiaque qui lui enseigne la patience.

Toujours accompagné de Francine, il a assisté aux corridas et certains se souviennent avoir vu la jeune femme jeter dans un geste d'enthousiasme ses bijoux sur

---

1. *Le Passé défini.*
2. *Le Passé défini*, 25 juillet 1953.

le sable de l'arène alors que le torero s'approchait pour dédier au poète l'animal mort.

Pendant ce voyage riche en sensations fortes, Cocteau prend des notes dans l'idée de familiariser ses lecteurs avec la corrida. Mais son infarctus l'ayant épuisé, il ne parvient pas à les ordonner. Ce sera son ami Jean-Marie Magnan, un jeune poète arlésien, qui l'aidera à accomplir ce travail et il lui en sera infiniment reconnaissant.

Avant de s'attarder sur la corrida, il est intéressant de souligner un passage où l'auteur évoque la lune que l'on a pris l'habitude d'associer à l'image féminine et notamment à celle de la mère.

«Avant de connaître les théories de Hoerbiger, combien j'avais raison depuis mon enfance, de me méfier de la lune, d'en ressentir de la crainte et de ne pas m'associer à ceux qui la chantent. Elle m'avait toujours fait peur avant même que je l'observe au télescope et que j'apprisse la manière dont elle nous bombarde de cycle en cycle. [...] Hoerbiger m'enseigne que la lune n'est pas un astre aimable, mais un engin funeste [1]. »

Mais, après cette digression, revenons à l'arène, ou plutôt à la piste, le lieu où règne la mort...

«... qui demeure, quoiqu'il arrive, l'héroïne de la tragédie dont le matador est le héros à qui elle délègue un ambassadeur extraordinaire, cet animal sacrifié d'avance, chargé de négocier leurs noces (noces les plus étranges et les plus obscures qui soient.) »

Pour Cocteau, la Mort devient la Dame Blanche... Son ambassadeur, il le notifie clairement, est le taureau... auquel elle délègue ses pouvoirs.

«Il devra conclure ou ne pas conclure les épousailles. »

---

1. *La Corrida du 1ᵉʳ mai.*

La Dame Blanche, bien évidemment, n'épousera que le torero tué par le taureau.

« Ce sont des habits de noces que le torero devra revêtir lorsqu'on lui annonce que le moment approche [...] Cette peur de se trouver face à face avec l'ambassadeur de la Dame Blanche, l'espoir mêlé de regret que cette dame se refuse, l'attrait qu'elle exerce et la crainte de lui plaire, accompagnent le torero... »

Il est intéressant de voir que la Dame Blanche utilise un animal de sexe opposé au sien et dont la puissance est légendaire pour la représenter auprès de celui qu'elle souhaite épouser. Face à l'étrange trio que forment la Mort, la bête et l'homme, on ne peut que rester songeur.

« En réalité, il n'y a ni lutte, ni duel entre l'homme et la bête, mais la formation d'un couple isolé par le silence d'une double hypnose, unifié par la mise en œuvre d'un sacrement ancestral sur lequel aucune règle n'a plus prise. »

Un couple formé de deux mâles se trouvant face à face : « Aucun contact d'amour ne les jouxte et cependant certains toreros avouèrent que l'estocade provoquait chez eux l'éjaculation. »

Cocteau remarque aussi que « le grand mystère de la Fiesta consiste justement dans ce paradoxe d'adversaires qui tour à tour se féminisent et reprennent les prérogatives de la virilité ». Il s'attarde sur « les habits de lumière » du matador, sur son chignon, ses paillettes, ses bas rose vif et la cape rouge que pourrait revêtir une femme. Ces précisions sont importantes puisqu'à la fin de l'acte d'amour « le mâle change de sexe et, par sa grâce et son uniforme de danseur, redevient la femelle qui tue. Il faudra aussi que le taureau reprenne ses prérogatives de mâle et cela au fur et à mesure qu'on l'en dépouille par les piques et les banderilles. »

Cocteau n'en finit pas d'étudier ces changements de sexe qui à ses yeux représentent « l'hésitation sexuelle précédant le tohu-bohu du Cosmos et les deux sexes conjugués dans le corps des pré-adamites ». Il cite même la Kabbale où se trouve la trace d'hommes se reproduisant sans femmes. Puis il revient à la course de taureau qui, pour lui, se déroule comme une cérémonie qui tente « soit par la corne, soit par l'estocade à imiter cette pénétration par laquelle nos solitudes cherchent à s'illusionner et à obtenir, à l'aide d'un acte dévié de tout but procréateur, une sorte de triomphe fugace — de victoire sur le chiffre deux, signe de mort ».

Cet essai tauromachique, où Cocteau révèle clairement certaines de ses idées sur la sexualité et donne libre cours à sa fascination pour un rite qui rejoint ses mythes, ne paraîtra qu'en 1957.

Mais, en attendant ce moment, lui, le poète qui revendique l'invisibilité, va devenir un « immortel ». Le 3 mars 1955, il est élu à l'Académie française avec dix-huit voix. Le résultat lui est annoncé place des États-Unis, chez Francine Weisweiller. Toutefois, les honneurs appelant les honneurs, il est aussi élu à l'Académie royale de Belgique où l'ont précédé deux femmes dont il cultive le souvenir et qui l'ont accompagné sur le chemin exigeant de l'écriture. Devant la reine Élisabeth de Belgique, il rendra hommage, le 1ᵉʳ octobre 1955, à Anna de Noailles puis à Colette. Maurice Goudeket (époux de la seconde) écrira :

« Quand Cocteau se leva pour prononcer l'éloge de Colette dans le lieu même où vingt ans auparavant elle était elle-même reçue, j'eus encore une fois l'impression si souvent ressentie depuis sa mort, d'une confusion dans le temps. Il y a vingt ans, dans cette salle, j'étais assis à la même place et celle qui se levait droite et toute vêtue de noir devant une salle pareillement attentive recevait le premier des grands honneurs qui marquèrent la fin de sa vie. »

Trois semaines plus tard, le 20 octobre, Jean Cocteau, accompagné de Francine, Jean Marais et Édouard Dermit, se présente en « habit vert » devant ceux qui ont décidé de l'accueillir sous la Coupole.

« Même si on est dur à cuire ou dur de cuir, il est impossible d'être insensible au double roulement de tambours entre lequel on passe escorté d'uniformes et suivi par le regard des bustes, impossible de pénétrer sans un coup au cœur dans cette petite rotonde dont nous rêvâmes dans notre jeunesse et comme enduite d'une patine de gloire. De 3 heures à 5 heures, je n'ai senti se détendre le fil rouge, je n'ai eu la honte des circonstances, éprouvé le besoin irrésistible de tirer la langue, de prendre la fuite et de crier : "Merde !" comme dans le couloir du *Sang d'un Poète* [1]. »

L'enfant terrible aurait-il décidé de s'assagir ? Rien ne le laisse présager dans son discours car il n'hésite pas à déclarer : « Je forme le vœu que l'Académie française protège... les personnes suspectes d'individualisme. Je rêverais que nos portes s'ouvrissent devant le singulier que le pluriel persécute. Puisse un jour l'Institut, à l'exemple des églises médiévales, devenir lieu d'asile, et le coupable du crime d'innocence y trouver refuge. »

Si Cocteau a, au cours de son existence, beaucoup travaillé, il redoublera d'activité pendant le temps qui lui reste à vivre. De toutes parts, les demandes affluent et lui, qui n'a jamais su refuser un service, ne changera pas d'attitude.

Milly demeure sa retraite ainsi que Santo Sospir où

---

1. *Le Passé défini.*

Francine continue de veiller sur son bien-être. A le voir écraser des tubes de couleurs puis laisser la trace de l'univers qui lui est propre, elle a commencé elle aussi à peindre et il n'est pas rare de la trouver dans son jardin, derrière un chevalet. Malgré une bronchite devenue chronique, elle accompagne le poète dans la plupart de ses déplacements, notamment à Oxford où il est fait docteur es lettres *honoris causa*. Fine, voire diaphane, élégante, elle occupe souvent les pages de la presse mondaine. Lorsque Cocteau tournera son dernier film *Le Testament d'Orphée*, il lui donnera le rôle de la Dame distraite qui s'est trompée d'époque. L'affection est là, de part et d'autre, et personne dans leur entourage n'imagine qu'un jour les cieux s'assombriront.

Dès qu'il le peut, Jean Cocteau se réfugie dans le Midi où il rend souvent visite à Picasso qui réside à Vallauris. Le temps n'est cependant pas aux loisirs et au repos car la commune de Villefranche lui commande des fresques pour décorer la chapelle des pêcheurs. Cocteau continue d'aimer les murs et c'est avec un grand plaisir qu'il répond à cette demande.

« Je suis si émerveillé par la petite chapelle de Villefranche (que je prenais pour une vieille clocharde endormie sous les filets de pêche et qui, au déblayage, se montre une ravissante jeune personne romane) que j'ai maintenant la frousse de lui mettre une robe de dessins », écrit-il à Jean Marais, le 11 août 1956.

Cette robe de dessins existera pourtant avec un gigantesque Christ sur lequel se pose le regard de Marie-Madeleine, avec saint Pierre marchant sur les eaux, avec des cierges dont les flammes sont des yeux. La ligne de Cocteau s'impose, reconnaissable entre toutes. Et il n'oublie pas de glisser dans certaines scènes ses repères personnels... par exemple, un coq juché sur une échelle ou, pour imiter les artistes de la Renaissance qui souvent mêlaient les portraits de leurs mécènes à leurs œuvres, il immortalise Carole Weisweiller, la fille de Francine, devant un groupe de gitans.

Menton, à son tour, lui confie la salle des mariages de sa mairie. *Les Fiancés*, et *La Noce*, symbolisée par un couple caracolant sur un cheval, vont bientôt entourer de leurs ondes bienfaisantes les candidats au mariage.

Jean Cocteau approche de ses soixante-dix ans et cette année 1959 lui semble propice pour entamer le tournage de ce qu'il considère déjà comme son dernier film puisqu'il l'intitule *Le Testament d'Orphée*.

« Ce film n'a rien d'un rêve, sauf qu'il emprunte au rêve son illogisme rigoureux, sa manière de rendre, la nuit, aux mensonges du jour, une sorte de fraîcheur que fane notre routine. »

Se déroulant aux Baux-de-Provence, dans le Val d'Enfer, le film conte l'itinéraire du poète qui déclare : « Nous sommes les serviteurs d'une force inconnue qui nous habite, nous dirige et nous dicte notre langue. »

Il y croise les personnages qui ont hanté son œuvre... Orphée, Cégeste, Heurtebise, Œdipe, Antigone ou Iseult. Certains objets s'animent comme la fleur d'hibiscus qui est faite avec le sang du poète, d'autres font partie de son univers onirique ou réel comme le Sphinx ou le yacht *Orphée II*.

La fleur d'hibiscus est offerte par le poète à Minerve, la déesse de la raison qui, sachant que cette fleur est morte puis a revécu, la refuse. Alors que le poète attristé par cette attitude s'éloigne, elle le frappe avec sa lance dans le dos. Mort, il est emmené par des hommes chevaux (rappel de *Parade*) et, dans une loge, ses amis Picasso et Dominguin contemplent ses funérailles.

De nombreux intimes de Cocteau ont en effet répondu à son invitation pour figurer à côté des principaux acteurs. Autour de Maria Casarès, François Périer et Édouard Dermit, se présentent tout à tour Yul Brynner, Charles Aznavour, Jean Marais, Serge Lifar, apportant par leurs présences un soutien à l'auteur qui annonce :

> « J'abandonne le métier de cinéaste que les progrès de la technique rendent accessible à tous. Ce sont d'autres progrès, internes, qui m'intéressent. Et je me flatte de croire que, grâce à nos anciennes recherches, je ne suis plus le seul archéologue de ma nuit. »

Utilisant la caméra comme un stylo, Cocteau dans ce « poème actif » parvient à nous rendre réels ses rêves, y compris sa résurrection.

> « Peut-être ce film est-il la première tentative de transmutation du verbe en acte, d'une organisation d'actes à la place de l'organisation des mots d'un poème, une syntaxe des images au lieu d'une histoire accompagnée de paroles [1]. »

Jean Cocteau attendra quatre ans pour traverser le miroir, quatre ans pendant lesquels lui seront encore réservées des joies, mais aussi de profonds chagrins. Un dernier voyage en Espagne, à Marbella, en compagnie de Francine et de Doudou, le transporte au paradis terrestre mais les ombres planent. Le décès de son frère Paul, en décembre 1961, l'affecte. Avec lui disparaissent l'enfance, Maisons-Laffitte et la mémoire partagée d'Eugénie. « Paul était ma main droite, avouera-t-il à un ami, j'ai perdu ma main droite. » Cet aveu explique enfin la relation de deux êtres qu'une extrême pudeur avait empêchés de se manifester mutuellement leur affection.

---

1. *Le Testament d'Orphée.*

Il y a aussi la rupture avec Francine dont Jean Cocteau comprend mal certains choix sentimentaux, puis le départ de Santo Sospir... Déchiré, meurtri par la fin de douze ans d'amitié, de connivence et de confiance, il écrit à Jean Marais le 18 février 1963 :

« Imagine ce que sera le déménagement de Santo Sospir. J'y ai mêlé ma vie et je ne laisserai que les murs, car il m'est impossible d'envisager cette maison comme un hôtel commode où je me rendrai lorsque Francine en part. En outre Doudou est implacable et ne pardonne pas à Francine son attitude irrespectueuse vis-à-vis de moi. Tu ferais pareil. »

Il dira encore, le 21 juillet :

« ... Ce problème de Francine après dix-sept ans (sic) de ce que je croyais définitif et qui ne laisse que ruines me vident aux "grandes profondeurs", me changent en fantôme. »

Un second infarctus, plus grave que le précédent, l'a, entre ces deux lettres, surpris. On le soigne, cette fois-ci, rue Montpensier, où dès qu'ils en obtiennent la permission se pressent les familiers. Francine se rend à son chevet mais Jean Cocteau choisit la maison de Jean Marais à Marnes-la-Coquette pour sa convalescence. L'époque Santo Sospir est bel et bien révolue car, même si les rapports face à la maladie sont redevenus cordiaux, l'amitié avec ce qu'elle recèle de non-dit, de compréhension, d'échange et de bonheur s'est évanouie.

En compagnie de Doudou, Jean Cocteau regagne Milly mais il sait que l'énergie créatrice l'a abandonné. En contemplant son jardin qui entre dans l'automne, il réfléchit aux réponses qu'il fournira à Roger Stéphane lorsque le journaliste viendra l'interroger pour la télévision. Sa vie défile dans sa mémoire, hantée par les visages de ceux qu'il a croisés, aimés, sortis pour certains de l'anonymat et... par les autres, les créatures surgies de son imagination. « Pour quelqu'un que l'on accuse de dilettantisme, j'ai beaucoup travaillé », avait-il un jour souligné. Ce travail, il est incontestablement là, légué par un équilibriste de génie qui, par élégance morale, donnait à tout ce qu'il touchait une apparence de légèreté voire de facilité.

Peu de temps avant de nous quitter, il a dit : « ... La vie est une chute horizontale qui s'accélère à la fin comme une chute verticale, et, quand on connaît bien son métier, quand on devient digne de son sacerdoce, on n'a presque plus le temps de l'exercer. »

Le 11 octobre 1963, Jean Cocteau entre dans le monde de l'invisible, un monde dont il avait, en éclaireur, approché à plusieurs reprises la frontière, un monde qu'il ne craignait pas, rejoignant dans cette attitude ceux qui ont la certitude d'avoir accompli leur destin.

Pour celui qui a écrit dans le magnifique poème *Léone* :
« Le sommeil le réveil m'ont joué trop de tours
J'aspire à m'interrompre à vaincre leurs malices »...

... le temps est, en effet, venu de trouver le calme véritable auprès de Celle qui dans son Théâtre arrivait par les miroirs.

Conclusion

N'avoir pas évoqué les comédiennes et les actrices qui, avec talent, parfois génie, se sont fondues dans l'œuvre de Cocteau ne relève pas d'un oubli.

C'est, en effet, volontairement que je ne me suis pas attardée sur Édith Piaf, Yvonne de Bray, Gabrielle Dorziat, Josette Day ou Madeleine Sologne.

Mon but était de faire revivre seulement les femmes qui ont partagé avec le poète une longue amitié ou la complicité de la création.

Ce fut, en effet, au sein de ces relations passionnées, souvent houleuses, toujours intenses que sont nés les grands mouvements artistiques du XXe siècle, des mouvements où, étroitement mêlés, la peinture, la sculpture, la danse, le théâtre, la musique et le cinématographe bousculèrent les idées reçues afin d'offrir de nouveaux horizons à une société en pleine mutation.

De la chambre aux cretonnes d'Anna de Noailles aux ateliers de la rue Cambon, de la scène du Châtelet au salon bleu de Louise de Vilmorin, chacun de ces lieux garde en mémoire les discussions enflammées, les rires et les disputes vite oubliées de ses brillants occupants. Car ne nous y trompons pas, sous le couvert de langueurs et d'extrême délicatesse, aucun de ces personnages hors du commun ne put s'empêcher de clamer haut et fort ses convictions du moment.

A quel mobile obéissaient-ils ces êtres que rien n'intimidait, encore moins n'arrêtait dans leur soif d'innovation? Simplement au désir de matérialiser ce que leur soufflait une imagination jamais en repos... L'amour du travail s'y ajoutait, un ouvrage d'artisan qui, si on les croit, usait leur énergie mais, en contrepartie, ne manquait pas de leur procurer les plus grandes joies.

Il est intéressant de se demander si Coco Chanel, Natalie Paley, Colette ont fait école? Existe-t-il de nos jours des femmes possédant à la fois leur culture étendue, leur flair, leur audace et surtout l'inlassable curiosité qui les jetait au devant de toutes les aventures et de tous les défis? Leur comportement relevait-il d'une époque où le temps était un allié, la parole donnée un principe... et les sentiments... un terreau à cultiver avec précautions?

Femmes fleurs pour certaines, femmes pygmalions, femmes amazones pour d'autres, toutes ont su répondre à la demande de Jean Cocteau et susciter chez lui le désir d'aller plus loin dans son cheminement d'homme et d'artiste. A la source d'un poème ou d'un roman, elles l'accompagnent pour les années à venir sur le chemin de l'immortalité.

Un instant, Jean Cocteau avait songé à appeler *l'Eternel Retour, Dames de Cœur*. Il y a renoncé, préférant sans doute garder ce terme pour celles qui, en dehors de toute fiction, ont su le séduire et, à leur tour, l'étonner.

ANNEXES

Chronologie

5 juillet 1889 : Naissance de Jean Cocteau dans la propriété familiale de Maisons-Laffitte.

1899 : Suicide de son père, Georges Cocteau. Études au lycée Condorcet.

1906 : Il fonde la revue *Schéhérazade*. Commence à être reçu dans les salons littéraires.

1911 : Rencontre pour la première fois Anna de Noailles. Découverte des Ballets Russes.

1912 : Amitié avec Misia Nathanson. Fait partie de l'entourage de Serge de Diaghilev. Il vit avec sa mère rue d'Anjou.

1913 : Il écrit *Le Potomak*.

1914 : Il apprécie la compagnie de Valentine Hugo, qui partage son goût pour les Ballets Russes.

1915 : Réformé, il gagne pourtant le front, faisant partie des ambulanciers de Misia. Se fait engager par les fusiliers marins de Nieuport. En hommage à Roland Garros, il écrit *Le Cap de Bonne Espérance*.

1916 : Formation du groupe de Montparnasse (Picasso, Modigliani, Max Jacob, Blaise Cendrars...). Il découvre la personnalité de Gabrielle Chanel.

1917 : Création de *Parade* et immense scandale.

1918 : *Le Coq et l'Arlequin.*

1919 : Il fait la connaissance, chez Max Jacob, de Raymond Radiguet.

1920 : *Le Bœuf sur le Toit.*

1921 : *Les Mariés de la tour Eiffel.* Il écrit *Le Secret professionnel.*

1922 : Première représentation d'*Antigone* dont Chanel a créé les costumes. Il rédige *Le Grand Écart, Plain-Chant* et *Thomas l'Imposteur.*

1923 : Mort de Raymond Radiguet.

1924 : Il se tourne vers la religion. Visites à Meudon chez Jacques et Raïssa Maritain.

1925 : Tente une première fois de se désintoxiquer de l'opium à la clinique des Thermes. Séjour sur la Côte d'Azur à l'hôtel Welcome (Villefranche-sur-Mer) où il rencontre Christian Bérard. *Opéra* et *L'Ange Heurtebise.*

1926 : Première représentation de la pièce *Orphée* avec les costumes de Coco Chanel. Entrée de Jean Desbordes.

1929 : Les liens avec les Maritain se relâchent. Deuxième cure de désintoxication à Saint-Cloud financée par Coco Chanel. Écrit *Opium* et *Les Enfants Terribles.*

1930 : Les Noailles lui proposent de tourner *Le Sang d'un Poète.*

1931 : Tournage du *Sang d'un Poète.* S'installe rue Vignon.

1932 : Liaison avec Natalie Paley. Rédige à Saint-Mandrier *La Machine infernale.*

1933 : Écrit en Suisse, chez Igor Markevitch, *Les Chevaliers de la Table ronde.* Engouement pour Louise de Vilmorin.

1934 : *Portraits-Souvenir* paraît dans *Le Figaro.* Première représentation de *La Machine infernale.*

1936 : Il effectue son tour du monde en 80 jours en compagnie de Marcel Khill. Pendant ce voyage, il rencontre Charlie Chaplin.

1937 : Avec l'aide de Coco Chanel, il pousse le boxeur Al Brown à remonter sur le ring. Découverte de Jean Marais. Représentation d'*Œdipe Roi* et des *Chevaliers de la Table ronde* (costumes de Chanel).

1938 : Écrit *Les Parents terribles.* La pièce connaît un grand succès.

1939 : *La fin du Potomak* et la pièce *Les Monstres sacrés* (inspirée par le couple Sert.)

1941 : Achète un appartement au Palais Royal, 36 rue de Montpensier, où il sera le voisin de Colette. Écrit *Renaud et Armide.*

1942 : Tournage de *L'Éternel Retour*.

1943 : Mort de sa mère.

1944 : Termine le poème *Léone*, commencé en 1942.

1945 : Tournage de *La Belle et la Bête*.

1946 : Pour le théâtre, *L'Aigle à deux têtes*. Séjourne à Verrières chez Louise de Vilmorin, où il réfléchit à *La Difficulté d'être*.

1947 : Achète la « Maison du Bailli », à Milly-La-Forêt. Rencontre Édouard Dermit qui deviendra son fils adoptif.

1949 : Après un voyage aux États-Unis, il rédige *La Lettre aux Américains*. Mort de Christian Bérard. Tournée au Moyen Orient. Écrit *Maalesh*.

1950 : Rencontre Francine Weisweiller pendant le tournage des *Enfants terribles*. Décoration de la villa « Santo Sospir », à Saint-Jean-Cap-Ferrat.

1951 : Scandale provoqué par la pièce *Bacchus*.

1952 : *Le Journal d'un inconnu* et *Le Chiffre Sept*.

1953 : *Clair-Obscur*. Premier infarctus. Écrit *La Corrida du 1er mai*.

1955 : Élection à l'Académie royale de Belgique et à l'Académie française.

1956 : Promu *doctor honoris causa* à l'université d'Oxford. Fresques de la chapelle Saint-Pierre à Villefranche et de la mairie de Menton.

1957 : *Poésie Critique I*.

1960 : *Poésie Critique II*. Décoration de la chapelle Saint-Blaise à Milly-la-Forêt.

1961 : Décoration du théâtre du Cap d'Ail. Tournage de son dernier film *Le Testament d'Orphée*.

1963 : Deuxième infarctus. Décès de Jean Cocteau, le 11 octobre, à Milly-la-Forêt.

Œuvres de Jean Cocteau

(relevées par Pierre Chanel pour les éditions Gallimard)

CLAIR-OBSCUR *(Édit. du Rocher)*.

POÈMES, 1916-1955 *(Gallimard)*.

PARAPROSODIES *(Édit. du Rocher)*.

CÉRÉMONIAL ESPAGNOL DU PHÉNIX, suivi de LA PARTIE D'ÉCHECS *(Gallimard)*.

LE REQUIEM *(Gallimard)*.

LE CAP DE BONNE-ESPÉRANCE, suivi du DISCOURS DU GRAND SOMMEIL *(Gallimard)*.

FAIRE-PART *(Librairie Saint-Germain-des-Prés)*.

VOCABULAIRE, PLAIN-CHANT et autres poèmes, 1922-1946 *(Gallimard)*.

Poésie de roman

LE POTOMAK *(Stock)*.

LE GRAND ÉCART *(Stock)*.

THOMAS L'IMPOSTEUR *(Gallimard)*.

LE LIVRE BLANC *(Quatre Chemins)*.

LES ENFANTS TERRIBLES *(Grasset)*.

LA FIN DU POTOMAK *(Gallimard)*.

DEUX TRAVESTIS *(Fournier)*.

Poésie critique

LE RAPPEL À L'ORDRE (Le Coq et l'Arlequin. — Carte blanche. — Visites à Barrès. — Le Secret professionnel. — D'un ordre considéré comme une anarchie. — Autour de Thomas l'Imposteur. — Picasso.) *(Stock.)*

LETTRE À JACQUES MARITAIN *(Stock.)*

UNE ENTREVUE SUR LA CRITIQUE *(Champion)*.

OPIUM *(Stock)*.

ESSAI DE CRITIQUE INDIRECTE (Le Mystère laïc. — Des beaux-arts considérés comme un assassinat.) *(Grasset.)*

PORTRAITS-SOUVENIR *(Grasset.)*

MON PREMIER VOYAGE (Tour du monde en quatre-vingts jours) *(Gallimard)*.

LE GRECO *(Au Divan)*.

LA BELLE ET LA BÊTE, Journal d'un film *(J.B. Janin)*.

LE FOYER DES ARTISTES *(Plon)*.

LA DIFFICULTÉ D'ÊTRE *(Morihien)*.

LETTRE AUX AMÉRICAINS *(Grasset)*.

REINES DE LA FRANCE *(Grasset)*.

DUFY *(Flammarion)*.

MAALESH, Journal d'une tournée de théâtre *(Gallimard)*.

MODIGLIANI *(Hazan)*.

JEAN MARAIS *(Calmann-Lévy)*.

GIDE VIVANT *(Amiot-Dumont)*.

JOURNAL D'UN INCONNU *(Grasset)*.

DÉMARCHE D'UN POÈTE *(Bruckmann)*.

DISCOURS DE RÉCEPTION À L'ÉCADÉMIE FRANÇAISE *(Gallimard)*.

COLETTE, Discours de réception à l'Académie royale de Belgique *(Grasset)*.

LE DISCOURS D'OXFORD *(Gallimard)*.

ENTRETIENS SUR LE MUSÉE DE DRESDE, avec Louis Aragon *(Édit. Cercle d'art)*.

LA CORRIDA DU 1ᴱᴿ MAI *(Grasset)*.

POÉSIE CRITIQUE I et II *(Gallimard)*.

PICASSO, 1916-1961, illustré par Picasso *(Édit. du Rocher)*.

LE CORDON OMBILICAL *(Plon)*.

LA COMTESSE DE NOAILLES, OUI ET NON *(Librairie académique Perrin)*.

JEAN COCTEAU, ANNA DE NOAILLES, *Correspondance, 1911-1931*, présentée et annotée par Claude Mignot-Ogliastri *(Gallimard)*.

PORTRAITS-SOUVENIR, Entretien avec Roger Stéphane *(Tallandier)*.

ENTRETIENS AVEC ANDRÉ FRAIGNEAU *(Union générale d'édition)*.

JEAN COCTEAU PAR JEAN COCTEAU, Entretiens avec William Fifield *(Stock)*.

POÉSIE DE JOURNALISME, 1935-1938 *(Belfond)*.

JOURNAL, 1942-1945, texte établi et annoté par Jean Touzot *(Gallimard)*.

LE PASSÉ DÉFINI, texte établi et annoté par Pierre Chanel *(Gallimard)*.

    I. 1951-1952.

    II. 1953.

LETTRES À SA MÈRE

    I. 1898-1918, texte établi et annoté par Pierre Caizergues *(Gallimard)*.

Poésie de théâtre

LE GENDARME INCOMPRIS, avec Raymond Radiguet, dans *Cachiers Jean Cocteau*, 2 *(Gallimard)*.

PAUL ET VIRGINIE, avec Raymond Radiguet *(Lattès)*.

THÉÂTRE I : Antigone. — Les Mariés de la tour Eiffel. — Les Chevaliers de la Table ronde. — Les Parents terribles *(Gallimard).*
THÉÂTRE II : Les Monstres sacrés. — La Machine à écrire. — Renaud et Armide. — L'Aigle à deux têtes *(Gallimard).*
ORPHÉE *(Stock).*
ŒDIPE ROI — ROMÉO ET JULIETTE *(Plon).*
LA VOIX HUMAINE *(Stock).*
LA MACHINE INFERNALE *(Grasset).*
THÉÂTRE DE POCHE *(Morihien).*
NOUVEAU THÉÂTRE DE POCHE *(Édit. du Rocher).*
BACCHUS *(Gallimard).*
L'IMPROMPTU DU PALAIS-ROYAL *(Gallimard).*

Poésie graphique

DESSINS *(Stock).*
LE MYSTÈRE DE JEAN L'OISELEUR *(Champion).*
MAISON DE SANTÉ *(Briant-Robert).*
VINGT-CINQ DESSINS D'UN DORMEUR *(Mermod).*
SOIXANTE DESSINS POUR LES ENFANTS TERRIBLES *(Grasset).*
DESSINS EN MARGE DU TEXTE DES CHEVALIERS DE LA TABLE RONDE *(Gallimard).*
DRÔLE DE MÉNAGE *(Morihien).*
LA CHAPELLE SAINT-PIERRE, VILLEFRANCHE-SUR-MER *(Édit. du Rocher).*
LA SALLE DES MARIAGES, HÔTEL DE VILLE DE MENTON *(Édit. du Rocher)*
LA CHAPELLE SAINT-PIERRE *(Mourlot).*
GONDOLE DES MORTS *(Scheiwiller).*
SAINT-BLAISE-DES-SIMPLES *(Édit. du Rocher).*

Livres illustrés par l'auteur

LE POTOMAK *(Sotck).*
LE SECRET PROFESSIONNEL *(Au Sans Pareil).*
LE GRAND ÉCART *(Stock).*
THOMAS L'IMPOSTEUR *(Gallimard).*
LE LIVRE BLANC *(Édit. du Signe).*
OPIUM *(Stock).*
LA MACHINE INFERNALE *(Grasset).*
PORTRAITS-SOUVENIR *(Grasset).*
RENAUD ET ARMIDE *(Gallimard).*
ORPHÉE *(Rombaldi).*

PORTRAIT DE MOUNET-SULLY *(F. Bernouard)*.

LÉONE *(Gallimard)*.

DEUX TRAVESTIS *(Fournier)*.

LES ENFANTS TERRIBLES *(Édit. du Frêne, Bruxelles)*.

LE LIVRE BLANC *(Morihien)*.

ANTHOLOGIE POÉTIQUE *(Club Français du Livre)*.

LA NAPPE DU CATALAN *(Fequet et Baudier)*.

OPÉRA *(Arcanes)*.

DÉMARCHES D'UN POÈTE *(Bruckmann)*.

CARTE BLANCHE *(Mermod)*.

LE GRAND ÉCART — LA VOIX HUMAINE *(Club des éditeurs)*.

LA CORRIDA DU 1er MAI *(Grasset)*.

THÉÂTRE I et II *(Grasset)*.

LE SANG D'UN POÈTE *(Édit. du Rocher)*.

NOUVEAU THÉÂTRE DE POCHE *(Édit. du Rocher)*.

LE CORDON OMBILICAL *(Plon)*.

Poésie cinématographique

LE SANG D'UN POÈTE *(Édit. du Rocher)*.

LE BARON FANTÔME, dialogues du film de Serge de Poligny *(L'Avant-Scène cinéma*, n° 138-139)*.

L'ÉTERNEL RETOUR, avec Jean Delannoy *(Nouvelles Éditions Françaises)*.

LES DAMES DU BOIS DE BOULOGNE, dialogues du film de Robert Bresson *(Cahiers du cinéma*, nos 75 à 77)*.

LA BELLE ET LA BÊTE *(New York University Press)*.

RUY BLAS, avec Pierre Billon *(Morihien)*.

L'AIGLE À DEUX TÊTES *(Paris-Théâtre*, n° 22)*.

LES PARENTS TERRIBLES *(Le Monde illustré théâtral et littéraire*, n° 37)*.

LA VOIX HUMAINE, avec Roberto Rossellini.

LES NOCES DE SABLE, commentaire du film d'André Zwobada *(L'Avant-Scène cinéma*, n° 307-308)*.

ORPHÉE *(André Bonne)*.

LES ENFANTS TERRIBLES, avec Jean-Pierre Melville.

LE ROSSIGNOL DE L'EMPEREUR DE CHINE, commentaire du film de Jiri Trnka *(L'Avant-Scène cinéma*, n° 3)*.

LA VILLA SANTO SOSPIR *(Kodachrome)*.

LE TESTAMENT D'ORPHÉE *(Édit. du Rocher)*.

LA PRINCESSE DE CLÈVES, dialogues du film de Jean Delannoy *(L'Avant-Scène cinéma*, n° 3)*.

DU CINÉMATOGRAPHE *(Belfond)*.

ENTRETIENS SUR LE CINÉMATOGRAPHE *(Belfond)*.

Livres illustrés

QUERELLE DE BREST, de Jean Genet *(Morihien)*.

LA COURSE DES ROIS, de Thierry Maulnier *(Valmont)*.

LE BAL DU COMTE D'ORGEL, de Raymond Radiguet *(Édit. du Rocher)*.

SOUS LE MANTEAU DE FEU, de Geneviève Laporte *(Forêt)*.

DOUZE POÈMES, de Paul Valéry *(Les Bibliophiles du Palais)*.

JEAN COCTEAU TOURNE SON DERNIER FILM, de Roger Pillaudin *(La Table ronde)*.

MONTAGNES MARINES, d'André Verdet *(Gastaud)*.

TAUREAUX, de Jean-Marie Magnan *(Trinckvel)*.

Avec les musiciens

PARADE, ballet (Erik Satie — *Columbia*).

HUIT POÈMES (Georges Auric).

CHANSONS BASQUES (Louis Durey).

LE PRINTEMPS AU FOND DE LA MER (Louis Durey — *Columbia*).

COCARDES (Francis Poulenc).

LE BŒUF SUR LE TOIT (Darius Milhaud — *Capitol*).

TROIS POÈMES (Darius Milhaud — *Véga*).

DEUX POÈMES (Jean Wiéner).

LES MARIÉS DE LA TOUR EIFFEL (Groupe des Six — *Pathé-Marconi*).

SIX POÉSIES (Arthur Honegger — *Le Chant du Monde*).

LE TRAIN BLEU, ballet (Darius Milhaud — *Pathé-Marconi*).

SIX POÈMES (Maxime Jacob).

ŒDIPUS REX (Igor Stravinski — *Philips*).

LE PAUVRE MATELOT (Darius Milhaud — *Véga*).

ANTIGONE (Arthur Honegger — *Bourg Records*).

CANTATE (Igor Markevitch).

CHANSON DE MARINS (Henri Sauguet).

LES TAMBOURS QUI PARLENT (Florent Schmitt).

LE JEUNE HOMME ET LA MORT, ballet (Jean-Sébastien Bach/Ottorino Respighi).

PHÈDRE, ballet (Georges Auric — *Columbia*).

LA DAME À LA LICORNE, ballet (Jacques Chailley).
LA VOIX HUMAINE (Francis Poulenc — *Pathé-Marconi*).
LE POÈTE ET SA MUSE, ballet (Gian Carlo Menotti).
LA DAME DE MONTE-CARLO (Francis Poulenc — *Pathé-Marconi*).
PATMOS (Yves Claoué).
ŒDIPE ROI (Maurice Thiriet).

Bibliographie

Pour *Jean* COCTEAU

BROSSE Jacques : *Cocteau*. Gallimard 1970.

CHANEL Pierre : *Album Cocteau*. Tchou 1970.

Jean Cocteau. Catalogue de l'exposition du musée d'Ixelles, 1991.

Jean Cocteau et les arts plastiques. Pavillon des arts 1984.

Entretiens de Jean Cocteau avec Roger Stéphane, *Portraits-Souvenir*.
    RTF et Librairie Jules Tallandier 1964.

FRAIGNEAU André : *Cocteau*. Écrivains de Toujours, Seuil 1957.

GUÉDRAS Annie : *Poteries*. Catalogue des céramiques, Éditions Teil-
    let et Dermit 1989.

GUILLEMINAULT, Gilbert, BERNERT Philippe : *Les Princes des années
    folles*. Plon 1970.

KIHM Jean-Jacques, SPRIGGE Élisabeth, C. BEHAR Henri : *Jean Coc-
    teau, l'homme et les miroirs*. La Table Ronde 1968.

KING PETERS Arthur : *Jean Cocteau et son univers*. Le Chêne 1987.

LANGE Monique : *Jean Cocteau. Un prince sans royaume*. J.-C. Lattès
    1989.

LEDUC Violette : *La folie en tête*. Gallimard 1970.

MAGNAN Jean-Marie : *Cocteau. Les écrivains devant Dieu*. Desclée de
    Brouwer 1968.

MAGNAN Jean-Marie : *Cocteau, l'invisible voyant*. Marval 1993.

MARAIS Jean : *Histoires de ma vie*. Albin Michel 1975.

MOURGUE Gérard : *Cocteau*. Éditions Universitaires 1990.

MUGNIER Abbé : *Journal de l'abbé Mugnier*. Mercure de France 1985.

Revue de Paris (la) : décembre 1963.

SACHS Maurice : *Au temps du Bœuf sur le toit*. Grasset et Fasquelle 1987.

STEEGMULLER Francis : *Cocteau*. Buchet Chastel 1973.

TOUZOT Jean : *Jean Cocteau*. La Manufacture.

Pour Anna de NOAILLES

BROCHE François : *Anna de Noailles, un mystère en pleine lumière*. Robert Laffont 1989.

MIGNOT-OGLIASTRI Claude : *Anna de Noailles, une amie de la princesse Edmonde de Polignac*. Méridiens-Klincksieck 1986.

NOAILLES Anna de : *Le Livre de ma vie*. Hachette, réed. Mercure de France 1976.

NOAILLES Anna de : *Le Cœur innombrable*. Grasset 1957.

NOAILLES Anna de : *Le Visage émerveillé*. Calmann-Lévy 1904.

Pour Misia SERT

GOLD Arthur et FIZDALE Robert : *Misia. La vie de Misia Sert*, Gallimard 1981.

SERT Misia : *Misia par Misia*. Gallimard 1952.

Pour Coco CHANEL

CHARLES-ROUX Edmonde : *L'Irrégulière*. Grasset 1974.

DELAY Claude : *Chanel solitaire*. J'ai Lu 1983.

HAEDRICH Marcel : *Coco Chanel secrète*. Laffont 1971.

MARQUAND Lilou : *Chanel m'a dit...* J.-C. Lattès 1990.

MORAND Paul : *L'Allure de Chanel*. Hermann 1976.

Pour Valentine HUGO

HUGO Jean : *Le Regard de la mémoire*. Actes Sud 1983.

MARGERIE Anne de : *Valentine Hugo*. Jacques Damase 1983.

Pour Marie-Laure de NOAILLES

FAUCIGNY LUCINGE Jean-Louis de : *Un Gentilhomme cosmopolite*. Perrin 1990.

SCHNEIDER Marcel, *L'Éternité fragile — Innocence et vérité*, Grasset.

Pour Natalie PALEY

DRAKE Nicholas : *The fifties* in Vogue. Heinemann London 1987.

E. EWING William : *Hoyningen-Huene. L'élégance des années 30.* Denoël 1986.

PALEY Princesse : *Souvenirs de Russie 1916-1919.* Les Éditions de la Couronne 1990.

Paris Couture. Années trente : Musée de la Mode et du Costume. Palais Galliera. 1987

The Noël Coward diaries. Ed. Graham Payn & Sheridan Morley 1982.

Pour Louise de VILMORIN

BOTHOREL Jean : *Louise ou la vie de Louise de Vilmorin.* Grasset 1993.

CHALON Jean : *Florence et Louise, les magnifiques.* Le Rocher 1987.

VILMORIN Louise de : *Sainte Unefois.* Gallimard 1934.

VILMORIN Louise de : *Le Lit à colonnes.* Gallimard 1941.

VILMORIN Louise de : *Madame de.* Gallimard 1951.

VILMORIN Louise de : *Migraine.* Gallimard 1959.

Pour COLETTE

COLETTE : *Œuvres complètes.* Collection Bouquins, Robert Laffont 1989.

DORMANN Geneviève : *Amoureuse Colette.* Herscher 1984.

GOUDEKET Maurice : *Près de Colette.* Flammarion 1956.

SARDE Michèle : *Colette, libre et entravée.* Stock 1978.

INDEX

REMERCIEMENTS

Je tiens à exprimer toute ma gratitude et mon affection à Édouard Dermit, fils adoptif de Jean Cocteau, qui m'a ouvert les archives de Milly-la-Forêt et très aimablement autorisée à publier des documents et des correspondances inédits. Sans son accueil chaleureux et ses encouragements, ce livre n'aurait pu exister.

Par connaissance approfondie de l'œuvre de Jean Cocteau, Annie Guédras a facilité mes recherches. Qu'elle en soit sincèrement remerciée.

Plusieurs personnes m'ont accordé leur confiance en me permettant de rendre publiques certaines lettres :
Mesdames Jessie Wood, Alexandra Leigh-Hunt, Héléna Leigh Hunt et Elizabeth Baxter pour Louise de Vilmorin.
Le prince Michel Romanoff pour Natalie Paley.
Monsieur Edmond de la Haye Jousselin pour Marie Laure de Noailles.
Qu'ils soient assurés de toute ma reconnaissance.

Je souhaite aussi remercier ceux qui m'ont stimulée, conseillée, aidée au cours de mon travail :

tout d'abord, Daniel Radford qui sut me décider à écrire sur mon grand-oncle, puis, pour des raisons diverses et précieuses : Robert Badani, Fanfan et Anne-Marie Berger de la Galerie Anne Julien, Gilles Brochard, Jean Clausel, Denis Dervieux, Janine Ercole, Jacqueline Fery qui veille sur la Société des Amis de Jean Cocteau, John Foley, Michèle Fraudreau, Éric Jansen, Carole Léger, Jean Noël Liaut, Jean-Marie Magnan, Marie-Christine Movilliat, Gilles Paris, Marie-Louise de Reininghaus, Brigitte Richon et Carole Weisweiller.

A tous, je souhaite associer le souvenir d'Odile Cail qui fut la première à lire mon texte et à me donner un avis auquel je tenais.

TABLE DES MATIÈRES

Impression réalisée sur CAMERON par
BRODARD ET TAUPIN
La Flèche
en février 1995

Imprimé en France
Dépôt légal : mars 1995
N° d'édition : 95029 – N° d'impression : 1584 L-5